CHAMP

Competences and Human Approach Management Program

Habilidades personales para competir, también en la era digital

DIEGO CUÉLLAR

KOLIMA BOOKS

Categoría: Directivos y líderes | Colección: Liderazgo con valores

Título original: CHAMP
Competences and Human Approach Management Program
Habilidades personales para competir, también en la era digital

Primera edición: Marzo 2020
© 2020 Editorial Kolima, Madrid
www.editorialkolima.com

Autor: Diego Cuéllar
Dirección editorial: Marta Prieto Asirón
Maquetación de cubierta: Sergio Santos Palmero
Maquetación: Carolina Hernández Alarcón y Lucía Alfonsín Otero

ISBN: 978-84-18263-02-6

*Disfruta la vida como te llega y saborea cada minuto
como si fuese el último.*

*A mi padre,
más que un jefe, un amigo.*

ÍNDICE

INTRODUCCIÓN

En septiembre de 1991, recién acabados mis estudios, comencé a trabajar en el departamento de marketing de una multinacional de gran consumo. Johnson&Johnson supuso para mí el comienzo de una carrera en grandes empresas multinacionales que se prolongó durante veintisiete años. Colgate, Gillette, Procter&Gamble, Miele y Svenson han formado parte indisociable de algún momento de mi vida y de ellas me he sentido plenamente satisfecho. Con independencia del éxito obtenido o no (eso lo dejo al relativo juicio de terceras personas) durante todo ese tiempo tuve la fortuna de desarrollar una carrera profesional en posiciones que me fueron procurando cierto prestigio y, sobre todo, me dieron la oportunidad de participar en excelentes programas de formación de muy diversa índole: habilidades y competencias, procesos, toma de decisiones, gestión de proyectos, liderazgo, comunicación, gestión del tiempo, etc. Casi siempre se trataba de formaciones que no estaban orientadas al área funcional en la que se desenvolvía mi trabajo, sino al desarrollo de competencias y habilidades que me permitían trabajar y dirigir a otros profesionales, que me facilitaban el crecimiento como persona y como profesional, y que me abrían nuevos caminos y oportunidades dentro de la compañía.

Siempre he sentido que la educación es la piedra angular del conocimiento y que las empresas que invierten en capacitar a su gente adquieren una ventaja competitiva sostenible sobre las que no lo hacen. Por mi parte, me procuré un hueco en las mejores escuelas de negocios (Madrid Business School, IMD e IESE) donde, a través de cientos de casos, trabajé habilidades directivas y de gestión que completaron mi perfil para rendir al máximo en los puestos que ocupé.

La vida, caprichosa, me puso delante una circunstancia familiar que me obligó a adoptar decisiones difíciles. Tomar el control de tu vida es uno de los grandes aprendizajes y quizás de los retos más complejos de gestionar. Como consecuencia de ese nuevo camino, fui pionero en la creación de una escuela inclusiva y he participado, liderado y creado tres proyectos de *startups*, que me han dado una perspectiva diferente y me han obligado a desarrollar talentos y competencias complementarias a las que ya incorporaba. Los tiempos y las necesidades de gestión en la toma de decisiones son muy distintos cuando te juegas algo más que un tirón de orejas de tu jefe.

Toda esta experiencia me ha enseñado que lo más importante en la vida profesional y personal es contar con la inteligencia necesaria para establecer relaciones con otras personas, comunicarte con ellas, participar en equipos de trabajo diversos como miembro o como líder, y para gestionar el esfuerzo con un consumo eficaz de tiempo y energía. Estas habilidades establecen la frontera entre el trabajador excelente y el resto, muy por encima de las competencias técnicas.

He recopilado, en la bibliografía al final del libro, toda la información que he encontrado para elaborar *CHAMP*. Libros, notas técnicas, apuntes, formaciones y casos que forman parte de mi particular rincón de conocimiento. Lecturas todas ellas que me sirvieron de referencia, no solo en el momento que las adquirí, sino en innumerables ocasiones en las que retomé sus enseñanzas atemporales. No pretendo que esta obra tenga un carácter científico, y tampoco era esa mi intención. He querido contraponer dos mundos que conozco bien, el ejecutivo y el emprendedor, en una novela cuya pretensión es, además de entretener, mostrar un camino y unas claves de comportamiento a los jóvenes que acceden al mercado de trabajo actual. Información sobre las habilidades que siempre marcarán la diferencia a través de ideas que crearon tendencia en otras épocas y que hoy, percibo, son más necesarias que nunca.

1. REENCUENTRO

*Largo es el camino de la enseñanza por medio de teorías;
breve y eficaz por medio de ejemplos.*

Séneca

—Buenos días, Javier. ¡Cómo me alegró recibir tu llamada la semana pasada! ¿Qué tal estás, viejo amigo?

Miguel y Javier se reunieron en una céntrica cervecería de Madrid. Javier se había adelantado. Llevaba un rato leyendo las noticias en su tableta cuando Miguel cruzó la puerta de cristal. Una corriente de aire frío se coló tras él. Al verle, Javier se incorporó y se fundió en un entrañable abrazo con su compañero y amigo.

—¡Hola Miguel! ¿Cuánto tiempo hace? ¿Quince años quizás? —dijo apartándose un poco para poder examinarlo mejor—. ¡Qué bien te mantienes; no has cambiado nada en todo este tiempo!

Miguel cuidaba su forma física, hacía ejercicio con regularidad y dedicaba un corto pero valioso tiempo diario a sí mismo.

—¡Seguro que no! —respondió jocoso mientras se quitaba la ropa de abrigo—. Yo a ti, en cambio, te veo con menos pelo y un poco más pesado, ¡pero aún te reconozco! —Rieron.

Javier lucía más descuidado; ni tras la calidad de su traje Hugo Boss y su corbata de seda acertaba a disimularlo. Se apreciaba la presión a la que había estado sometido, a pesar de que tres meses antes había cerrado un jugoso acuerdo económico de salida de su empresa, lo que le proporcionaba la seguridad y la tranquilidad necesarias para afrontar con holgadas garantías su futuro y el de su familia.

Se conocieron en tiempos de estudiantes, siendo compañeros de clase en el MBA que cursaron en una prestigiosa escuela de negocios de Madrid. Compartieron grandes momentos entre libros, cervezas y alguna que otra inconfesable juerga juvenil. Dos años de duro trabajo que forjaron una sólida amistad, de las de antes. Posteriormente, recién licenciados, firmaron a la vez su primer contrato de trabajo en la misma empresa. Entraron con el mismo pie en el mundo profesional, en una de las grandes escuelas del marketing, que solían presentarse en las más prestigiosas universidades y escuelas de postgrado para reclutar talentos de primer nivel y hacer de ellos directivos competentes dispuestos a desplazarse a cualquier parte del planeta. A comienzos de los años noventa, en plena crisis del petróleo, encontrar una posición con proyección en una empresa multinacional de calado era un lujo que no estaba al alcance de cualquiera. Una oportunidad irrechazable.

Durante cuatro años se formaron en el mundo del marketing y el *product management* y contaron con los mejores profesionales como mentores. Eran como esponjas; absorbían el conocimiento de la realidad profesional de forma acelerada de la misma forma que la esponja se llena de agua. Trabajaban hasta el agotamiento, con ahínco y determinación, con las tozudas ganas a las que suelen acompañar la juventud y el deseo de aprender.

Su mayor éxito se produjo con el lanzamiento de un producto de cuidado personal en una de las categorías más competitivas del mercado. En tan solo doce meses desde que las primeras unidades se colocaran en las estanterías, el *go to market*[1], como solían decir, se colocó como líder absoluto de su categoría. Un caso de éxito sin precedentes que les mereció un premio a la excelencia y el reconocimiento de la central norteamericana por haber conseguido los objetivos propuestos en un tiempo récord con los mejores resultados de Europa.

—¿Recuerdas aquello? —comentó Javier—. La verdad es que ni nosotros mismos podíamos imaginar que aquel lanzamiento pudiese alcanzar tal repercusión. Estaba perfectamente diseñado: la investigación del mercado, los estudios del consumidor, la formulación, el *packaging*... Toda la estrategia de marketing fue perfecta —se quedó colgado de sus recuerdos por unos instantes y continuó—. Formábamos un buen equipo, con un ambiente de trabajo magnífico. Aquellas compañías contaban con los recursos para hacer las cosas bien, y sobre todo cuidaban a su gente, o al menos yo siempre lo sentí así.

—Poníamos toda la carne en el asador. Trabajábamos a destajo, quemábamos todas las horas disponibles del día —dijo Miguel—. ¿Acaso has olvidado el día de tu boda? ¡Un poco más y te tengo que llevar al altar a punta de pistola! Aquel sábado nos acercamos a la oficina a imprimir una presentación que debíamos entregar a la dirección el lunes a primera hora. Te advertí que estabas loco, que no era un buen día para estar allí, pero te empeñaste en dejar el trabajo terminado. El *plotter* —Dios mío, qué antiguo suena eso— se bloqueó, y lo que no debía llevar más de treinta minutos se tragó casi cuatro horas. ¡Te casabas a las cinco de la tarde y no eras capaz de apagar el ordenador! Yolanda rugía de desesperación: «¡Dile que si no aparece por aquí inmediatamen-

---

1   En el argot del marketing internacional es habitual utilizar tecnicismos en inglés, que acaban convirtiéndose en parte esencial del lenguaje y que en muchos casos no tienen una traducción fidedigna que exprese su verdadero significado.

te a ponerse el traje, que vaya pensando en quedarse con su madre!».

—Lo recuerdo muy bien —dijo Javier sin parar de reír—; me aterraba coger el teléfono. Luego pasé la noche de bodas pidiendo disculpas. Menudo carácter tiene Yolanda, ¡nunca estuve tan al límite!

—¿Te acuerdas de la última convención en Santo Domingo? —preguntó Miguel con la inercia de la conversación—. A la tres de la madrugada, cuando me disponía a ir a la habitación, me chistaron dos jefes regionales que permanecían ocultos al abrigo de la penumbra, sentados en un velador frente a la puerta de la discoteca. «Acércate, Miguel, que te vas a reír un rato» me invitaron, dando unas palmaditas en el asiento de una silla vacía que esperaba un espectador. Me quedé con ellos. A los cinco minutos salió por la puerta de la discoteca el director de Ventas en dirección a su habitación. «Ha salido Nicolás. En tres minutos sale Alexandra». Tres minutos exactos después, asomó por la puerta Alexandra, que tomó la misma dirección que Nicolás. «¡Va detrás de él!» les dije con cara de asombro. «No te pongas nervioso, que esto no ha hecho más que empezar. Ahora sale Roberto... En breve aparece Olga». ¡Me quedé pasmado! «Joder, ¿en qué mundo vivo? —les dije— ¡no me entero de nada!». Escondidos los tres a la sombra de la luna, con la última copa en la mano, me descubrieron la misma rutina hasta con seis parejas distintas, algunos incluso casados y otros simplemente hasta arriba de copas dispuestos a triunfar en su particular secreto a voces.

Rieron con ganas las anécdotas de episodios vividos en un tiempo que ambos recordaban con devoción y agradecimiento: sus innumerables peleas con el equipo de Ventas, las fiestas hasta la madrugada después de los lanzamientos, las amistades peligrosas.

Transcurridos los primeros años, sus carreras se separaron, y con ellas sus vidas. Los reencuentros se volvieron esporádicos, la última vez quince años antes en la sala *business* del aeropuerto de Heathrow en Londres. Javier continuó su periplo multinacional, y ahora, con cincuenta y seis años recogía los frutos de una trayectoria brillante que le llevó a las posiciones más altas dentro de la empresa en la que pasó la mayor parte de su vida. Destinado en cuatro países distintos como director general y CEO, arrastró a su familia, que se adaptó sin queja aunque no sin sacrificio mientras él consumía la mayor parte de su tiempo en largas visitas de negocio a las filiales alrededor del mundo.

—Siento que me he perdido algo —confesó—. Profesionalmente he hecho todo lo que he deseado. Mi sueño se ha cumplido, pero descuidé a mi familia en el camino. Los he arrastrado por Europa y Asia; mi hijo ha tenido que estudiar en colegios de cuatro países diferentes con nuevos métodos escolares, nuevos idiomas, nuevos amigos. Nunca entendí el esfuerzo que suponía para ellos, la generosidad de su incondicional esfuerzo. Solo me importaba mi trabajo. Al principio fue fácil, ya sabes, la plasticidad de los pequeños; pero cuando Álvaro cumplió dieciséis años y nos desplazamos a Japón, todo cambió.

Miguel no quiso interrumpir la reflexión de Javier ni el silencio incómodo, el reproche visible en el gesto fruncido de su frente, la mirada perdida en la espuma de su cerveza que poco a poco perdía la blancura y la consistencia.

—Se cansó de ser un nómada —continuó—, se cansó de mí, de lo que yo representaba, y en cierto modo se plantó. Pasó los siguientes años encerrado en sí mismo mientras yo viajaba sin cesar, escondiéndome de él y de su rebeldía adolescente. No podía soportar llegar a casa y encontrarme con la inquisitiva mirada de mi propio hijo. Sentía su rencor, alimentado por una existencia hueca en aquel país tan extraño a la que no le encontraba sentido. Y yo, cansado de bregar con un día a día exasperante, lo último que no quería era enfrentarme al mismo ambiente hostil en mi propia casa. Cada vez mis viajes eran más largos. A veces desaparecía durante semanas y a mi vuelta el abismo se volvía más grande e impenetrable. Mi familia, lo más importante de mi vida, era lo único que no sabía manejar. De no haber sido por Yolanda quizás nos habríamos enterrado todos en ese agujero que no dejábamos de cavar.

—Has vuelto, Javier, y con todas tus necesidades básicas cubiertas para poder enfocarte en lo que realmente te preocupa. Puedes concentrarte en ellos, rehacer tu vida y recuperar a tu familia. —Miguel intentaba animarle.

—¡Cómo no! Es exactamente lo que voy a hacer —Javier fingió un nuevo talante—. Álvaro acaba de cumplir veinte años y en junio finaliza el tercer curso en la facultad de Informática. Es evidente que detesta seguir mis pasos, y no me extraña, teniendo en cuenta lo que ha sufrido, pero nos permite entrever su genialidad e iniciativa emprendedora en todo lo referente a ordenadores y nuevas tecnologías. Es posible que incluso esté demasiado implicado con las máquinas. Desde que llegamos apenas se relaciona con otras personas. Trato por todos los medios de buscar la mejor manera de ayudarle pero aún no he conseguido encontrar el canal de comunicación correcto con mi propio hijo.

»Pero bueno —dijo más calmado—, ya basta de hablar de mí. ¿Y tú qué tal, Miguel?

Miguel tomó un camino distinto. Continuó unos años más en el entorno multinacional formándose y aprendiendo, y a comienzos del siglo XXI, con la revolución de Internet, decidió explorar el incipiente y prometedor universo de las «puntocom» de la mano de una de las más importantes incubadoras de tecnología del momento. En aquella empresa, propiedad de un inversor español, se topó con una realidad hasta ese momento desconocida para él: el fundador ejercía de jefe y dueño a la vez, con un estilo duro y autocrático de chapa antigua que lo envolvía en una capa de intolerancia y grotesco descaro hacia sus trabajadores.

—Cuando abandoné el entorno multinacional, tan democrático y colaborativo, mi vida se convirtió en un infierno. La empresa tecnológica a la que me incorporé no acababa de despegar y se quemaban los fondos a una velocidad de vértigo. El propietario culpaba a diestro y siniestro de la falta de compromiso y responsabilidad a los empleados pero a la vez no delegaba ni dejaba tomar ni una sola decisión sin que él tuviese la última palabra. No respetaba a nadie; el miedo se convirtió en la política reinante. Recuerdo una vez, en una sala llena de humo, que la directora de Ventas, embarazada de cinco meses abandonó la reunión a causa de las náuseas que le producían el olor del tabaco y el irrespirable ambiente denso y azul. Al día siguiente recibió un aviso: «Que no se repita; no habrá una segunda vez».

»Acobardado, oculté mi homosexualidad y me sentí más cohibido que nunca. Escondí la cabeza. No me avergonzaba pero no soportaba los comentarios despectivos de aquel déspota que idolatraba a los que él denominaba hombres de verdad. «Esos sí que eran jefes. Sabían cómo meter en cintura al personal. A mí, mi padre me enseñó con el cinturón: 'la letra, con sangre entra'», presumía. Un oprimido convertido en opresor, eso era.

»Fueron unos años muy difíciles, pero me mostraron el camino que jamás debía tomar. Al pinchar la burbuja tecnológica, la empresa quebró y en ese momento decidí cambiar el rumbo de mi vida. Inicié mi primer proyecto empresarial: un primer fracaso, y luego otro, y un tercero.

—Hasta ahora, que te has convertido en un empresario de primera plana —dijo Javier.

—Es mucho decir —Miguel agradeció el comentario con la mirada—, pero es cierto que cuando te llega algo de éxito, todos aquellos que no descolgaban el teléfono cuando los buscabas de repente se acuerdan de ti. Más incluso si apareces en un par de portadas de las páginas salmón más influyentes.

—¡Si no es éxito estar en el top 10 de los mejores empresarios españoles...!

—Tampoco ha sido un camino de rosas, Javier. Y mucho menos cuando no te puedes mostrar tal como eres, cuando eres presa de los juicios de la moralidad española. Ni siquiera mi padre me aceptó como era; se amilanaba cuando yo ponía el tema encima de la mesa. No podía soportar cómo le afectaba ante sus amistades —dijo con pesadumbre mientras indagaba entre sus recuerdos—. Toda mi vida he pretendido ser quien no era. En casa, en el colegio, en la universidad o en el trabajo. Me oculté hasta que cumplí los treinta y cinco a finales de los noventa. Cuando por fin me liberé de todos mis prejuicios y me di cuenta de que el secreto de mi felicidad solo podía depender de mí mismo, que era yo el que guardaba las llaves de mis cadenas, entonces supe que desde ese momento haría todo aquello que de verdad me apetecía hacer, y lo haría corrigiendo mis propios errores y facilitando el camino a los demás. Lo he llevado al terreno profesional; todos estos años me he volcado en promover entornos de trabajo colaborativos, inclusivos, diversos y respetuosos. Por fortuna vivimos vientos de cambio.

Javier asentía mientras escuchaba con atención. Los últimos años su compañía se había vuelto muy estricta en lo relativo a los derechos igualitarios de las personas. Las mujeres adquirían un papel relevante en los puestos de dirección y de mando, demostrando una capacidad más que sobrada y menos soberbia que la de los hombres poderosos. Se establecieron canales de comunicación anónimos para denunciar abusos de poder, malos tratos o comentarios discriminatorios por cuestiones de raza, género o creencia. Se propusieron medidas de conciliación familiar y en todos los países se adaptaron las instalaciones para acoger personal con algún tipo de discapacidad. No obstante, en muchos lugares todas estas medidas simplemente cubrían lo que exigía la tendencia política imperante, pero en la realidad no se llevaban a cabo o lo hacían a medias.

–Vivimos vientos de cambio –repitió Javier pensativo–, pero aún queda mucho por hacer.

–En infinitas ocasiones me acordé de ti y de tu exitosa trayectoria –Miguel retomó la conversación–. He tenido que fracasar tres veces para conseguir levantar mi último proyecto. Me costó una dolorosa ruptura con mi pareja y estuve al borde de la ruina en otras dos ocasiones. Pero ya conoces el dicho: lo que no te mata te hace más fuerte, y yo nunca cejé en el empeño; tenía la seguridad de que era cuestión de tiempo. –Dio un sorbo a su cerveza y continuó–. Montar tu propia empresa, partir de cero, no es comparable a ningún otro estado profesional, es como un salto sin red: tus ambiciones tienen que ser muy superiores a tus recursos. A diario ocurren hechos inesperados que dinamitan los planes más recientes y hay que rehacerlos todos los días. Pero me emocionaba el simple hecho de crear algo, aunque ello supusiese asomarme a un precipicio desconocido.

»Sin embargo, no fue hasta este último proyecto que me di cuenta de la importancia de hacer las cosas con los conocimientos básicos que, con tanta tecnología, habían quedado en el olvido: una marca correcta, un posicionamiento adecuado, una publicidad cautivadora... Y fue así, volviendo a aquello que aprendimos juntos, a los fundamentos de la empresa, lo que a la postre me proporcionó el éxito deseado y la diferenciación necesaria para despegar. ¿No te parece paradójico?

Compartieron pensamientos durante largo rato. Hacía tanto tiempo desde la última vez que se encontraron que la tarde se les fue echando encima sin apenas darse cuenta. A última hora, a Miguel se le ocurrió una idea.

—Javier —propuso—, ¿qué te parece si Álvaro se incorpora a los planes de formación de mi empresa mientras completa sus estudios? Acabamos de poner en marcha el primer piloto de un programa al que hemos bautizado con el nombre de «CHAMP: Competences and Human Approach Management Program» y él podría encajar a las mil maravillas. Todos los perfiles que contratamos son muy similares al de tu hijo: «frikis» tecnológicos pero con «habilidades blandas» poco desarrolladas.

»En mi opinión, lo que le ocurre a Álvaro está más relacionado con la forma de ser de una generación pegada a los móviles, tabletas y ordenadores que a la relación personal con vosotros. Una gran mayoría de los jóvenes que contratamos nos llegan con conocimientos increíbles acerca de las más novedosas herramientas de programación, diseño y tecnología, pero carecen de habilidades de comunicación, interrelación social y pensamiento crítico. Nos hemos dado cuenta de que el mundo avanza a tal velocidad que las competencias técnicas que aprenden al comienzo de sus carreras se han quedado obsoletas antes de acabar estas. Por eso es tan importante desarrollar líderes que sean capaces de escuchar, pensar, persuadir...

Javier ponderó la idea durante unos segundos innecesarios. Sabía que era una excelente oportunidad. Ya buscaba, mientras escuchaba a Miguel, la mejor forma de decírselo a Álvaro para que este no sintiese el deseo de rechazarlo por el simple hecho de provenir directamente de su padre.

—Ojalá fuera tan sencillo, Miguel —contestó cabizbajo—. Nosotros hemos provocado su aislamiento. Su obsesión por las máquinas es inducida, aunque reconozco que puede ser para él una gran oportunidad comprender las claves del liderazgo a través de las principales habilidades que gobiernan las relaciones con los demás en el entorno real de la empresa.

—Además —Miguel adivinó el pensamiento de Javier por la expresión de su cara—, puedes decirle que venga a verme; yo se lo ofreceré. En cuanto conozca el ambiente de trabajo de TEKNOFAN® y descubra lo que hacemos allí querrá empezar de inmediato.

Se hacía tarde. Javier se disculpó; quería volver a casa a tiempo para la cena. En sus ojos se apreciaba un brillo especial, acaso potenciado por el efecto del alcohol, pero sobre todo por el reencuentro con Miguel, que además le otorgaba una oportunidad única para reconciliarse con su hijo.

—No se hable más —concluyó Miguel mientras pagaba la cuenta—. El lunes a las nueve espero a Álvaro en mi despacho. Que sea puntual; en TEKNOFAN® valoramos mucho el tiempo de nuestra gente.

—¿Cómo podré agradecértelo, Miguel?

—A partir de ahora tú lo pagas todo —guiñó un ojo y sonrió—. Si te parece bien, nosotros nos veremos cada semana. Tenemos que ponernos al día de muchas cosas, y de paso hacemos seguimiento de la evolución de Álvaro en el programa. —Se despidieron con un afectuoso abrazo hasta el siguiente encuentro y Javier se dirigió a su coche, visiblemente emocionado.

Yolanda enviaba algunos *emails* en el momento en que Javier llegó a casa. Se levantó y fue a su encuentro mientras este colgaba la gabardina en la percha del recibidor.

—¿Qué tal con Miguel? —dijo al acercarse y le besó la mejilla. La vuelta a España había dulcificado la relación entre ellos aunque aún quedaba un largo camino por recorrer.

Tras resumirle su conversación, se propusieron convencer a Álvaro para que acudiese a la reunión del lunes. La tenue luz de la lámpara de pie del salón iluminaba la cara de Yolanda, que se mostraba radiante, entusiasmada con la simple idea de que su hijo no solo se relacionase con otras personas, sino que además pudiese demostrar sus excelentes capacidades creativas y su perfecto manejo de las últimas tecnologías de programación y diseño 3D. Lo hacía con la meticulosidad y la disciplina que caracterizaban a su padre. Sus progresos en la universidad eran espectaculares, a pesar de su incorporación tardía a la vuelta de Japón. «En el fondo se parece demasiado a aquello que odia» pensó Yolanda, con la esperanza de que un día despertase a todo lo bueno que eso significaba. Amaba a Javier y, por encima de todo, amaba a su hijo Álvaro.

Llamaron a la puerta de su cuarto. Al no recibir respuesta la empujaron con suavidad. Era tarde, Álvaro estaba sentado de espaldas frente al ordenador con los auriculares puestos y las luces apagadas. El resplandor de la pantalla recortaba la silueta de su cabeza y proyectaba una inquietante sombra en la pared. En eso consistía su retiro del mundo, algo muy común en los últimos tiempos, en los que compartía poco o nada acerca de sus estudios y actividades con sus padres.

Se quitó los cascos al percibir su presencia y se giró.

—¿Qué? —dijo con sequedad.

2. LA ENTREVISTA

*El verdadero conocimiento consiste
en conocer los límites de la propia ignorancia.*

CONFUCIO

El lunes siguiente Álvaro llegaba a las puertas de TEKNOFAN® a las ocho y treinta minutos. Había heredado la escrupulosa puntualidad de su padre y no quiso arriesgarse a llegar tarde. Entre otras cosas porque los últimos días en casa habían resultado muy difíciles desde que su padre se atreviese a hacer planes para él sin su consentimiento. Lo que comenzó como una propuesta acabó siendo una imposición que tensó la cuerda hasta un extremo de difícil solución. Aún resonaba en su cabeza el portazo con el que Javier zanjó la conversación, rojo de ira. A Álvaro le atacaba un sentimiento de culpa porque sabía que era él quien conscientemente bloqueaba cualquier intento conciliador de su padre, avivando su enojo con lo único que sabía que él no podía manejar: la ignorancia. Además, la idea contra la que se rebeló en el fondo le resultó atractiva desde el primer instante. No quería empeorar las cosas.

Antes de entrar prefirió esperar un poco en una cafetería situada frente al portal. Sentado con un café junto al ventanal, se entretuvo en observar a la gente que llegaba al trabajo. El perfil era joven, informal y algo desaliñado, aunque sin exceso. Muchos de ellos llegaban en bicicleta y entraban empujándola hasta el vestíbulo. TEKNOFAN® estaba situada en el centro de Madrid, en un local cuya puerta daba directamente a la calle. A través de un gigantesco ventanal decorado con acetatos de motivos tecnológicos que recorría toda la acera se podían percibir la actividad y el bullicio en el interior. Le gustaban el colorido y el logotipo. A primera vista rezumaba tecnificación y diversión, un lugar en el que fluían las ideas, un buen ambiente. Pronto lo averiguaría.

A falta de diez minutos para las nueve pagó su café, se colgó la mochila al hombro, los cascos enganchados al cuello como una herradura y cruzó el portal. La recepción estaba situada tras una segunda puerta corredera que evitaba las corrientes de aire.

—Buenos días. Tengo una cita con Miguel Quiñones a las nueve —se dirigió a cualquiera de las dos personas de recepción que le miraron al unísono al entrar. Se adelantó ella:

—¿Me dices tu nombre, por favor?

—Álvaro, Álvaro Gutiérrez. —La recepcionista hizo una llamada telefónica desde su terminal IP y tras una breve pausa le pidió que la acompañase.

El despacho de Miguel no era grande, parecía funcional y minimalista. Se veían pocos papeles y destacaban las tres pantallas de ordenador con las que trabaja simultáneamente desde su Mac, escondiéndolo casi por completo. La luz de la mañana se colaba a chorros por dos grandes ventanas octogonales situadas justo a la espalda de su sillón. A esa hora impregnaban de un tono cálido, anaranjado, el ambiente del despacho. Se levantó y se acercó hacia Álvaro con la mano tendida.

—Cuánto me alegro de tenerte aquí, Álvaro. Tu padre me ha contado maravillas de ti —dijo.

Álvaro enarcó las cejas pero no dijo nada, un detalle que no pasó desapercibido para Miguel. Le estrechó la mano y le ofreció sentarse a una mesa auxiliar limpia de papeles y distracciones. Álvaro reparó en cómo Miguel desconectaba el altavoz de su teléfono y lo apartaba de su vista para evitar interrupciones.

—Nos tomamos muy en serio las reuniones; la eficiencia es una de las claves de la productividad. Por otro lado, es un simple concepto de educación. Aquí todo el mundo es importante, así que consideramos una grave falta de respeto el hecho de responder *emails, WhatsApps* o llamadas cuando estamos reunidos. Solo en justificadas excepciones nos permitimos saltarnos esta regla.

A Álvaro le pareció extraño y algo anacrónico. Él estaba acostumbrado a gestionar las conversaciones a la vez que manejaba su *smartphone* y no resultaba tan difícil. Sin embargo se mantuvo callado. Se limitó a asentir con la cabeza y luego dijo:

—Me han gustado la entrada y el aparcamiento de bicicletas en el vestíbulo, son una pasada.

—Una idea original de uno de los programadores —contestó Miguel—. Teníamos espacio excesivo en recepción y un compañero pidió aparcar su bicicleta dentro. Hubo más solicitudes; entonces decidimos habilitar un *parking* para diez plazas en un lugar cercano a la entrada. Fue un éxito; muchos empleados reservan diariamente su hueco para venir en sus bicicletas particulares y eso refuerza nuestra contribución para construir un mundo menos contaminado, más limpio.

En realidad todo en TEKNOFAN® sugería un ambiente de trabajo atractivo. La recepción era espaciosa, con dos recepcionistas encargados de atender la entrada de clientes y las necesidades administrativas internas. La decoración era austera pero muy original: se combinaban muebles modernos con palets pintados de colores y en el vestíbulo podías optar por sentarte en viejas sillas de madera restauradas o acomodarte en amplios y modernos sofás de piel. El lugar más demandado, según le mostraron al entrar, era una sala de descanso a medio iluminar en la que se escuchaba una tranquila música de fondo, dispuesta para tomar un café, comer una manzana o disfrutar de un partido de ping-pong.

—En esta empresa ningún trabajador tiene un puesto fijo adjudicado. Hemos habilitado taquillas en la entrada para que cada uno guarde sus pertenencias o el trabajo que tenga en curso. De esta forma todas las mesas quedan limpias de papeles al final del día y cualquiera puede sentarse donde le apetezca al día siguiente. Nos pareció que esto mejoraría las relaciones interpersonales. Si se tratan temas confidenciales o personales, la sala de reuniones principal y las «peceras» son suficientes. Basta con reservarlas en recepción. A fin de cuentas, hoy en día solo se necesitan una conexión de alta velocidad y un ordenador. Tenemos todo registrado en la nube y procuramos utilizar la menor cantidad de papel posible. Nos enorgullece ser una empresa comprometida con el medioambiente. Lo reciclamos todo: papel, plásticos, vidrios, metales... Fomentamos el uso de medios de transporte no contaminantes, bicicletas, coches eléctricos o híbridos, e integramos «objetivos ecológicos» dentro de los planes de incentivos internos.

Una hora después, Álvaro conocía lo imprescindible acerca del funcionamiento de TEKNOFAN® y del programa de formación CHAMP del que formaría parte. Le sonaba bien, aunque no tenía claro qué pintaba él en todo eso. Parecía un lugar flexible para aprender mientras terminaba su curso universitario, con buen trato y perfil, pero sobre todo Miguel le transmitió una confianza que hacía tiempo que no sentía.

—Se trata de un programa de continuidad para las nuevas incorporaciones —dijo Miguel—; chicos como tú, que aportan conocimientos tecnológicos indudables pero que necesitan profundizar en los fundamentos de la empresa y las relaciones interpersonales para triunfar en sus carreras. Si aceptas compartir con nosotros las próximas cuatro semanas, tu contribución nos ayudará a mejorar nuestro proyecto. Se te permitirá realizar cualquier pregunta o planteamiento sobre cualquier duda que te surja.

»Prometí a tu padre no presionarte en caso de que no estés interesado. Pero esta debe ser tu primera decisión: ¿quieres incorporarte al programa?

Álvaro evaluaba su respuesta. Sabía que aceptar sin más supondría una concesión que satisfaría a su padre, y eso rompería el equilibrio de poder que hasta ese momento sentía que estaba de su lado. Miguel le estaba ofreciendo la oportunidad de decidir sin coacción, así que podría volver a casa y ofrecer una explicación que le excusase de participar. Por otro lado, tonto no era e intuía lo que una oportunidad tan interesante podía significar para él.

—¿Cuándo empiezo? —preguntó.

—Pasado mañana —concluyó Miguel apretando su mano con firmeza.

Álvaro llegaba a su casa con el único pensamiento de cómo contarles a sus padres el resultado de la entrevista evitando mostrar entusiasmo alguno. Pero era necesario buscar una reconciliación, un armisticio después de la batalla. Necesitaría una buena excusa para disculparse sin ceder demasiado terreno.

Lo que no imaginaba era que Javier ya había recibido un mensaje de *WhatsApp* con una sencilla sentencia: «*On board*».

3. CHAMP. COMPETENCES AND HUMAN APPROACH MANAGEMENT PROGRAM

Ganan los que saben cuándo luchar y cuándo no.

Sun Tzu

Miguel miraba a través de la ventana de su despacho. A su espalda, Marta Ramos, responsable de «Talento y Desarrollo de Equipos», permanecía sentada en una posición relajada con su cuaderno de notas abierto mientras ambos repasaban los últimos detalles del programa de formación que comenzaría al día siguiente.

Sin darse la vuelta, Miguel comentó en voz alta:

—CHAMP es el programa más ambicioso e importante de los emprendidos hasta ahora, y muy posiblemente de los que podamos emprender en un futuro —dejaba clara así su expectativa—. Según el Foro Económico Mundial de 2018, en 2022 el 42% de todas las horas trabajadas serán realizadas por máquinas. Este hecho desplazará millones de puestos de trabajo, pero a su vez creará otros tantos. Las máquinas no lo harán todo. —Hizo una pausa pero Marta no interrumpió su silencio; conocía demasiado bien a Miguel para adivinar que aún no había terminado—. Nuestra empresa entrega un producto altamente tecnológico a nuestros clientes. Muchas de las tareas que hoy realizamos en TEKNOFAN® son tareas repetitivas, basadas en trabajos manuales, labores de mantenimiento e instalación tecnológica, procesos para áreas específicas de la empresa: logística, finanzas, Recursos Humanos, marketing, etc. Todos estos trabajos y procesos tenderán a la completa automatización futura. –Marta seguía escuchando con extrema atención–. Las máquinas realizarán tareas repetitivas y las personas las tareas más complejas. Competencias como la creatividad, la innovación, la inteligencia emocional, la capacidad analítica o el pensamiento crítico adquirirán una importancia capital. –Se giró con lentitud, las manos cogidas detrás de la espalda, y miró a Marta a los ojos–. Se producirá un cambio a gran escala –concluyó.

–Las universidades y las escuelas de negocios deberían revisar sus procesos. –Marta buscó un punto de vista distinto. Cientos de entrevistas en procesos de selección le otorgaban una perspectiva precisa de las carencias de los jóvenes recién licenciados que contrataban–. No tiene sentido que el sistema educativo continúe anclado en un pasado en el que los profesores son simples proveedores de un conocimiento que los estudiantes reciben de forma pasiva. Los candidatos no tienen ni idea de cuál es el funcionamiento real de una empresa –hizo hincapié en la palabra «real»–, y no me refiero al concepto teórico de empresa, sino a los procesos internos, las interrelaciones, las políticas que rigen el comportamiento organizacional. Es decir, desconocen las reglas básicas que les ayudan a adaptarse a la cultura empresarial.

–Tan importante es lo que aprenden como la forma en que lo hacen –continuó Miguel–. Tan importante es el qué como el cómo. Y ese cómo está ligado a la experiencia. Sin duda alguna, los jóvenes que incorporamos a TEKNOFAN® cuentan con unas competencias técnicas del máximo nivel, adquiridas durante sus estudios universitarios. Pero la verdadera oportunidad para ellos reside en cubrir el descomunal abismo que separa las habilidades esenciales que demandamos las empresas y lo que ellos aportan. No se dan cuenta de que estas habilidades son precisamente las que marcarán la diferencia entre las personas y la inteligencia artificial –IA–, entre los hombres y las máquinas. Solo aquellos que puedan desarrollar las *skills* necesarias triunfarán en este entorno cambiante.

»Debemos preguntarnos qué tipo de trabajadores queremos para garantizar nuestra supervivencia empresarial en un mundo en el que la velocidad del cambio tecnológico afecta tan rápidamente al mercado de trabajo.

–Hoy en día –dijo Marta, para completar la reflexión–, o contratas al personal con las *skills* adecuadas o formas a tu gente para que las adquieran, como hemos decidido hacer en TEKNOFAN®. CHAMP no es más que el comienzo de nuestra adaptación al cambio; un programa que pretende crear una cultura de aprendizaje continuo, con la que seamos capaces de revisar de forma permanente la evolución de nuestros empleados y darles un *feedback* instantáneo acerca de su progreso en situaciones de trabajo real, facilitando escenarios que mejoren su capacidad de adaptación.

Miguel asentía satisfecho. Ambos trabajaban en la misma frecuencia. Uno de sus sueños, contribuir al desarrollo profesional de los jóvenes empleados de TEKNOFAN®, estaba a punto de comenzar. Y lo hacía con la garantía de partir de unos objetivos transparentes y alineados.

–Yo creo –dijo Marta– que la mayor parte de los jóvenes piensa que no optarán a trabajos estables en un futuro, que sus opciones pasan necesariamente por emprender o surfear entre distintas empresas. Este mito tan establecido es muy dañino porque afecta a la relación de compromiso necesaria entre la empresa y el trabajador. Sin esta vinculación, las empresas dejarán de invertir en la formación de sus equipos con la perspectiva de que estos pronto la abandonarán, y los empleados no responderán porque la empresa no los cuida. Es un círculo vicioso muy peligroso.

–Compromiso, bonita palabra. –Miguel permanecía pensativo; se había desplazado a otro tiempo y lugar–. Durante toda mi juventud mi mayor motivación consistió en no decepcionar a mis padres. Mis hermanos y yo les vimos trabajar tan duro solo para darnos una educación que no podíamos fallarles. Los jóvenes de hoy viven en un mundo rico en matices, una sociedad diversa, distinta por los cambios sociales de los últimos años que pone a su alcance demasiadas opciones. Es difícil engañarlos; buscan autenticidad, no respetan a las empresas y organizaciones no comprometidas con los valores que defienden. Valores, algunos, que nuestra generación no conoció o no impulsó: la conciliación en el trabajo, el respeto por el medioambiente, la conciencia social, la igualdad de la mujer, los derechos de colectivos minoritarios... Sin duda cimas solidarias por las que merece la pena luchar. Pero descuidan otras de vital importancia: el compromiso, el sentido de pertenencia, la ambición por el desarrollo profesional, las ganas de crecer, de cambiar el *statu quo*. La empresa, a mi parecer, es el lugar idóneo para cultivar y recuperar costumbres que jamás debieron cuestionarse.

Miguel parecía bucear en sus recuerdos. Pertenecía a una generación que despuntaba a finales de los ochenta que tenía hambre por aprender, en un entorno incierto, con la crisis del petróleo en ciernes y en los albores de la globalización. Querían cambiar el mundo. Había heredado la cultura del esfuerzo, de la lealtad, del trabajo duro y sentía –aunque no entendía muy bien por qué– que actualmente la sociedad no recompensaba la transcendencia que tenía forjar un carácter que aportase valores tan fundamentales.

–La crisis del 2008 enterró las esperanzas de toda una generación. Hizo un daño incalculable a los jóvenes de nuestro país –de nuevo se había acercado a la ventana y volvía la espalda a Marta–, pesimistas respecto de su futuro, reticentes a formar parte de un mercado laboral competitivo y cada vez más cambiante y global. Perdieron la esperanza, dejaron de confiar en el sistema político, económico y social que tanto progreso generó desde mediados del siglo XX. Desilusionados, en gran parte a causa de la falta de honestidad y propósito de los dirigentes del país, la corrupción y el ascenso de los populismos y los nacionalismos, comenzaron a salir del país en busca de mejores oportunidades. A su vez, el acelerado desarrollo tecnológico de la última década ha mermado su capacidad de análisis y de comunicación, más allá de una protesta y reivindicación constantes.

»Cultivar y entrenar las «habilidades blandas» de los jóvenes será sin duda lo que marcará la diferencia entre unos profesionales y otros en el futuro. —De repente despertó del trance, algo que le ocurría en no pocas ocasiones. Miguel presumía de ser un soñador; perseguía una utopía a la que quería contribuir con su humilde aportación.

—Mañana comenzamos. Buena suerte, Marta. —Se despidió de ella y salió del despacho.

4. COMUNICACIÓN INTERPERSONAL

A las diez de la mañana del primer jueves del mes de marzo, Álvaro ya había terminado los trámites necesarios para su incorporación a TEKNOFAN®. Al cruzar la recepción le llamaron por su nombre, le entregaron una carta de bienvenida y lo acompañaron al departamento de personal para la firma de su contrato de formación. Según la agenda comenzarían a las diez y media en la sala principal de reuniones situada en el centro de la oficina. La llamaban «La Península» porque estaba rodeada de cristales por todas partes menos por una. El resto de salas, cinco en total, conocidas como las peceras, tenían los nombres de las islas Baleares: Mallorca, Menorca, Ibiza, Formentera y Cabrera. Álvaro buscó un lugar donde ubicar su mochila y su ordenador y se dirigió a la sala.

Todo estaba preparado. En la pantalla gigante se proyectaba la agenda del programa. Alrededor de la mesa ya habían ocupado sus asientos los asistentes al mismo. Después de una ronda de presentaciones, Álvaro supo que en el programa participaban no solo nuevas incorporaciones, como le había dicho Miguel, sino también mandos intermedios que llevaban tiempo trabajando en TEKNOFAN® y necesitaban una capa de reciclaje.

El programa, denominado «CHAMP. Competences and Human Approach Management Program», pretendía incorporar técnicas de gestión clásicas referidas a procesos de planificación, estructuras de trabajo y «habilidades blandas» a los trabajadores de TEKNOFAN®. Resultaba evidente, a la vista de la evolución de los resultados, que la combinación de un estilo de *management* clásico liderado por Miguel con la aplicación de las tecnologías más punteras suponía una ventaja competitiva diferencial: la empresa mejoraba la eficiencia en la gestión de los proyectos de sus clientes con tiempos de entrega más cortos y una mayor calidad del trabajo.

Casi todas las contrataciones que se realizaban incorporaban perfiles altamente cualificados en cuanto a conocimientos de programación, diseño, ciberseguridad, *Big Data*, *Business Intelligence*, animación 3D, desarrollo de páginas web, etc. pero que desconocían el enorme poder de las relaciones humanas y su impacto en los beneficios empresariales.

A Miguel le preocupaba que muchos de los técnicos apenas cruzasen unas palabras con sus compañeros. Trabajaban desconectados de lo que ocurría a su alrededor, centrados en su pantalla y sus programaciones. Consideraba que todo el equipo de TEKNOFAN® debía estar orientado al cliente, y no solo aquellos que tenían contacto directo con el mismo. Pretendía además estrechar el compromiso del trabajador con el proyecto futuro de TEKNOFAN® mostrándole su confianza a través de una mayor transparencia, delegación de responsabilidad y una formación continua. Para ello, entregó un *briefing* a Marta con el objetivo de poner en marcha un programa para que todos los empleados, nuevos o no, trabajasen las llamadas «habilidades blandas», o *soft skills*, como él prefería decir.

En caso de que CHAMP tuviera éxito, además contemplaba adentrarse en otros terrenos competenciales como el liderazgo, la gestión del cambio, las técnicas de negociación, y finalmente en los procesos de planificación: marketing, estrategia y finanzas. Pero preferían caminar paso a paso, y este era el primero de ellos.

El grupo piloto seleccionado para inaugurar la edición inicial del programa CHAMP constaba de seis personas:

Manuel Acosta, mando intermedio encargado del desarrollo y diseño web, y experiencia de usuario (UX), con tres personas a su cargo. Recordaba al Travolta de *Grease*, con un engominado tupé y una camisa *slim fit* que potenciaba sus tríceps bien trabajados en el gimnasio.

Gonzalo Ruiz, también con dos personas a su cargo, responsable del área de ciberseguridad, de la que decían que era un mago, tenía un perfil más técnico. Al contrario que Manu —como le gustaba que le llamasen—, Gonzalo no le dedicaba ni un minuto al espejo. Sus ojos cansados y su piel cetrina delataban el poco tiempo que pasaba al sol. Ambos mostraban un alto potencial de crecimiento según las últimas evaluaciones de rendimiento.

Paola Cattorini, una belleza italiana con un acento cantarín solo comparable al argentino, que encandilaba a sus compañeros con su musicalidad y su encanto.

Carlota Blanch, catalana, más callada e introvertida. Aparentaba no interesarse por lo que pasaba a su alrededor, pero en realidad se mostraba despierta y atenta a todo detalle. Ninguna de las dos llegaba al año de antigüedad en TEKNOFAN® y ambas se dedicaban a tareas de programación y diseño gráfico.

Julia Romero, becaria, ingeniera de Telecomunicaciones recién licenciada. Se había incorporado hacía tan solo dos semanas y todavía no le había tomado el pulso a la empresa. Se mostraba agradecida y muy interesada en causar una excelente impresión.

Y por último, Álvaro Gutiérrez, estudiante de tercer curso de Ingeniería Informática, propuesto por el propio Miguel para que actuara como observador crítico del programa.

Un grupo muy joven, reducido y variado que pretendía servir como punto de partida para valorar e identificar las áreas de mejora del programa antes de lanzarlo definitivamente.

—La formación tendrá una duración de cuatro semanas. —Marta había comenzado la reunión a las diez horas y treinta minutos, sin un segundo de retraso–. Nos reuniremos en esta misma sala todos los jueves para realizar una sesión de dos horas de duración. Salvo excepciones justificadas es imperativo acudir a todas las reuniones formativas.

»En este tiempo –continuó– profundizaremos en las habilidades, competencias y actitudes que nos permiten relacionarnos con los demás, trabajar con otros, dar resultados y alcanzar nuestros objetivos. Son habilidades transversales que pueden aplicarse a cualquier disciplina o departamento porque no requieren de conocimientos técnicos.

»LA COMUNICACIÓN, EL TRABAJO EN EQUIPO Y LA GESTIÓN DEL TIEMPO, SON LA PIEDRA ANGULAR DE LAS RELACIONES Y LA PRODUCTIVIDAD EN LA EMPRESA.

Marta hacía pequeñas pausas mientras se movía a un lado y otro de la pantalla interrumpiendo a cada instante el haz de luz del proyector.

—Antes de comenzar, vamos a establecer las dos reglas de oro de nuestros encuentros:

»PRIMERA REGLA: RESPETO AL COMPAÑERO.

»La impuntualidad, las interrupciones y el realizar algún trabajo mientras otros hablan constituyen una flagrante falta de respeto. No nos hagamos perder el tiempo unos a otros. Móviles apagados y puntualidad en las reuniones; el retraso máximo admitido es de cinco minutos. Pasado este tiempo no se podrá acceder a la reunión –hizo una pequeña pausa antes de completar su argumento–. El tiempo es la variable más importante de nuestra vida, pues no se puede recuperar. Resulta clave gestionarlo y aprovecharlo de la manera más eficiente posible. Sed conscientes no solo del valor de vuestro tiempo, sino también de lo valioso que es para los demás.

»SEGUNDA REGLA: PARTICIPACIÓN EQUITATIVA.

»Todos estamos aquí para aprender y debemos escucharnos unos a otros. Todas las opiniones son válidas; no existen jerarquías. Respetemos el tiempo de intervención y seamos sensibles cuando nuestra participación sea excesiva. Yo moderaré las intervenciones, pero espero que no sea necesario —hizo una nueva pausa. Parecía cómoda con la primera tensión generada.

Marta empezaba fuerte. Había captado la atención del grupo y afianzado aquello que consideraba de vital importancia para el funcionamiento correcto del equipo. Álvaro la examinaba con atención. Por su aspecto, calculó que no pasaría de los treinta y cinco años. Llevaba el pelo castaño recogido en lo alto de la cabeza y miraba por encima de unas gafas a juego con el color de su reloj, que reposaban algo caídas sobre el puente aguileño de su nariz. Su voz transmitía una seguridad natural, abusando de la confianza que le otorgaba su sonrisa marfil correctamente alineada en el eje central de su cara. Sobre los tacones de aguja era casi tan alta como él, alrededor de metro ochenta, y lucía una vestimenta sobria con una ceñida falda hasta las rodillas y camisa blanca ajustada y sugerente. Sin duda su elevado atractivo contrastaba con la informalidad del resto del equipo.

Volvió a la realidad en el preciso momento en que Miguel entraba en la sala. La puerta estaba situada a la espalda del proyector, lo que hizo girar la cabeza a todos los participantes.

—Buenos días —dijo—. Para los que no me conocéis, soy Miguel Quiñones, presidente y fundador de TEKNOFAN®. —Se había sentado en el pico de la mesa del proyector con una pierna apoyada en el suelo y la otra colgando como un péndulo. Delgado, de mediana estatura, mostraba un aspecto sano y cuidado. Vestía una camisa de cuadros arremangada hasta los codos y un pantalón verde de corte vaquero con zapatos náuticos. Parecía uno más, de no ser por su pelo gris y sus gafas de pasta *vintage* que le acercaban a su edad biológica. Impregnó la sala con una cercanía que cautivó a los asistentes—. Bienvenidos a la primera edición de CHAMP, un programa que os ayudará a completar vuestra formación, os hará más fuertes en aquello que ya domináis, y a la vez os proporcionará herramientas de gestión personal y técnicas de gobierno que hoy desconocéis pero que os resultarán fundamentales para vuestro éxito futuro dentro o fuera de TEKNOFAN®. Sacadle el máximo provecho. Podéis contar conmigo y con el resto del equipo; estamos aquí para serviros y estáis en las mejores manos. —Miró a Marta con complicidad y se dispuso a abandonar la sala de reuniones.

A Álvaro le sorprendían la claridad de sus palabras y la actitud de servicio que siempre mostraba. Desde el mismo momento en que lo había conocido, todos sus mensajes resultaban directos y concisos, profesando un respeto profundo por el empleado y por el cliente. Su presencia y su lenguaje corporal transmitían una seguridad que causaba impacto. Parecía hablar con un método casi planificado, sin repetirse ni perder tiempo. En cierto modo algunos aspectos le recordaban a su padre, pero luego pensó «nunca tuve el tiempo de conocerlo bien».

Marta permaneció en silencio unos instantes para provocar alguna reacción a la breve intervención de Miguel. Después dio comienzo a la formación.

–¿Qué entendéis por comunicación? –El primer punto de la agenda versaba sobre el tema.

–La capacidad de entendernos a través del lenguaje –contestó Manuel tras unos segundos.

–De acuerdo –convino Marta–. ¿Pero la comunicación implica entendimiento? En esta sala somos siete personas. ¿Cuántos mensajeros y cuántos mensajes hay en la charla de hoy?

–Hombre, es obvio. Un único mensajero y un único mensaje: tu presentación –se apresuró a afirmar Carlota.

–La comunicación es selectiva –respondió Marta–; tienes razón. Si pensamos en mi presentación como un monólogo –sonrió–, solo habrá un mensajero, que soy yo. Sin embargo, habrá tantos mensajes como interpretaciones de mis palabras se hagan. Vuestras experiencias, creencias, estilos de vida, estados de ánimo, etc. condicionarán esa interpretación. El punto de vista puede ser muy distinto según de quien se trate.

–Entonces –apuntó Paola–, para comunicar tenemos que influir, conseguir que el otro vea las cosas con nuestra perspectiva. Porque esa es la única forma de ponernos de acuerdo, ¿verdad?

–Efectivamente, Paola; ser capaz de influir en los demás es comunicar, y el vehículo a través del cual comunicamos son las emociones: necesitamos provocar sentimientos que generen confianza en nuestro receptor. La primera condición para ello es que lo que digo esté en sintonía con lo que pienso y con lo que siento; es decir, tenemos que ser sinceros con nosotros mismos, estar convencidos de lo que decimos, creérnoslo. Desde nuestra convicción seremos capaces de convencer al otro, y no a través del esfuerzo que hagamos para tratar de convencerlo. Es la única forma de construir un argumento que genere credibilidad y certidumbre en nuestro interlocutor. –Marta dejó que el concepto que acababa de introducir permease. Luego prosiguió–. La comunicación tiene una parte lógica que se apoya en hechos constatables y explícitos. Pero muestra también otra cara, más afectiva y sentimental, y esta es la que suele complicar las cosas. Los hechos como tales son irrefutables, pero la interpretación de los mismos pertenece a cada individuo. Y en esa comunicación, si pretendemos alcanzar acuerdos y consensos, tenemos que ser capaces de entender la lógica y el sentimiento, lo racional y lo afectivo.

»SE CONVENCE DESDE LA CONVICCIÓN PROPIA, INFLUYENDO EN LOS DEMÁS A TRAVÉS DE LAS EMOCIONES Y LOS SENTIMIENTOS.

–Yo siempre digo lo que pienso –intervino Manuel–, y lo defiendo con vehemencia poniendo mucha emoción en mis argumentos. Aunque no siempre sale bien. Tengo la sensación de que cuando nos enzarzamos en un «tuyo-mío» intentando hacer que nuestra postura prevalezca, nos volvemos muy negativos y dejamos de escucharnos. La cosa suele acabar sin acuerdos, con un enfado considerable. Vamos, como el rosario de la aurora.

Gonzalo dio un golpe seco en la espalda de Manuel, que sonó como si hubiese golpeado un armario.

–A mí me pasa lo mismo con mi pareja, Manu –contestó provocando la risa del resto.

–Efectivamente, no debemos caer en una espiral negativa. Es la barrera más importante con la que se topa la comunicación. En tu ejemplo, Manuel, aplica la ley de la reciprocidad que regula las relaciones humanas. Imagínate que estamos discutiendo acerca de una decisión que debemos tomar. Yo expongo mis argumentos y ofrezco una alternativa. De inmediato valoras mi opción y emites una opinión negativa, argumentada o no, respecto de mi criterio. ¿Cuál crees que va a ser mi respuesta cuando expongas tus razonamientos y tu alternativa? –De nuevo un murmullo inundó la sala; los asentimientos dejaban clara la respuesta.

–Sin ninguna duda, te voy a devolver un no –respondió Manuel.

–Y a partir de ahí –continuó Marta–, un «tuyo-mío» que oscurecerá todo el proceso de razonamiento, nos hará perder un tiempo valioso y nos llevará a un estado emocional poco deseable. Ser capaces de influir a través de las emociones no significa defender a capa y espada la postura propia, sino adentrarse en un diálogo sincero y abierto que permita la puesta en común y el entendimiento entre las personas. Resulta muy útil apoyarse en historias, vivencias, casos de éxito, etc. para dar credibilidad al mensaje, y sobre todo escoger el lenguaje pensando en quién nos escucha, por qué comunicamos lo que sentimos, y lo que el otro interpreta cobra más importancia que lo que decimos.

–Yo tuve un compañero que siempre me daba la razón y luego me la quitaba para hacer lo que a él le apetecía. «Sí, es una buena idea esto o lo otro –me decía–, pero es que...». Le apodábamos el «sípero». Un día se me declaró y le dije: «Sí, claro que eres un tío majo pero no me interesas nada». Y le dejé plantado en la puerta de la facultad. ¡Cómo me enojaba aquella actitud! Es frustrante que una simple conjunción tenga tanto poder en una frase. ¡Con lo guapo que era! –suspiró Julia entre risas. Abría una nueva vía y la reunión tomaba un cariz muy participativo. Nada mejor que una discusión transparente para tratar el tema de la comunicación.

–Este es un punto muy interesante –afirmó Marta–. Es muy común su utilización de manera inconsciente. Sin embargo no nos damos cuenta de cómo afecta a la autoestima del interlocutor. En realidad, un «sí, pero...» se traduce como «no, de ninguna manera...» porque el «pero» anula de forma automática la afirmación inicial y deja al otro fuera de juego o le predispone para entrar en la reciprocidad del no. En TEKNOFAN® hacemos mucho hincapié en no utilizarlo en las reuniones. Procuramos construir sobre el argumento con otro que no lo invalide. Por ejemplo, utilizando «sí, y además...» o «sí, y también...» el resultado es positivo, constructivo y permite el intercambio de ideas y la comunicación fluida.

—Marta, ¿y qué hay de lo que no se dice con palabras, del lenguaje no verbal, de los gestos, de las miradas, de los movimientos? —se aventuró a decir Álvaro por primera vez.

—Esa es una excelente pregunta, Álvaro. El lenguaje no verbal es tan importante que puede delatar nuestras carencias o reforzar nuestras fortalezas: el rostro, las manos, el cuerpo... cada postura. Estar sentado con las piernas cruzadas, los brazos en jarra, las manos cerradas o gesticulantes, una gota de sudor por la frente... cualquier pequeño detalle puede provocar una reacción en nuestro interlocutor capaz de cambiar su percepción. Un movimiento incómodo en la silla en el momento crítico de una negociación puede proporcionar más información a la otra parte que todo el tiempo empleado en la misma.

—¡Hay auténticos jugadores de póker expertos en el engaño! —comentó Paola—. Aunque ya conocemos el refranero: se pilla antes a un mentiroso que a un cojo. ¡Siempre nos quedarán los emoticonos del *WhatsApp* para ocultar la cara verdadera! —El refrán sonaba menos creíble con acento italiano; parecía el estribillo de una canción. Todos rieron. Todos, excepto Manuel, que era incapaz de disimular su nerviosismo cuando miraba a Paola. Era precisamente su lenguaje no verbal el que le ponía en evidencia ante sus compañeros.

—Existen muchas opiniones respecto del lenguaje no verbal —prosiguió—. Tratar de controlarlo es complicado, puesto que los pequeños detalles responden en numerosas ocasiones a estímulos emocionales que se producen de forma inconsciente, y que no solo están influenciados por quien nos habla sino por el contexto general en el que se produce la conversación. Por ejemplo, si tengo un foco delante, mis ojos se adaptarán a la intensidad de su luz, o si estoy sentado junto a un radiador es posible que mis movimientos en la silla sean más frecuentes. No por ello estaré más nervioso, por más que mis gestos así lo delaten. Simplemente por el poder de la presencia que emite mi interlocutor, los músculos de mi cara podrían actuar de una u otra forma.

—¿Significa eso que no se puede controlar? —insistió Álvaro.

Julia, a su lado, le miraba con atención. Había algo en ese chico que la inquietaba, parecía infeliz. Tras su aparente normalidad se ocultaba algo que no acababa de captar. Se mostraba tenso, forzado incluso en su posición en la mesa de reuniones. Julia acababa de firmar con TEKNOFAN® como becaria y nada más empezar ya se encontraba en un programa de formación, sin ni siquiera haber tenido tiempo para comenzar su trabajo. Recién obtenida su licenciatura como ingeniera de Telecomunicaciones decidió incorporarse al mundo laboral en la primera ocasión que se le presentó. No le fue difícil; TEKNOFAN® mostró un especial interés por las brillantes dotes que había dejado traslucir en el proceso de selección y la contrató enseguida.

—Muchos gestos y tics pueden entrenarse —respondió Marta—. Imagínate a alguien que cuando habla en público se toca continuamente la oreja, esconde las manos en el bolsillo o mantiene la mirada baja. Sus gestos muestran inseguridad, nerviosismo, falta de control, miedo. Son vicios que pueden y deben trabajarse. Los políticos, tan expuestos a los medios de comunicación, son un claro exponente de adiestramiento. Sus asesores de imagen tratan de que transmitan seguridad a sus votantes a través de sus gestos y movimientos. Son cambios generales que pueden ensayarse, pero lo cierto es que la comunicación no verbal está muy relacionada con el contexto en el que se realiza, y por tanto en una gran parte el entrenamiento no es efectivo.

»Por otro lado —concluyó Marta—, además de nuestros gestos, el aspecto también dice mucho acerca de quienes somos. En cierto modo la relación entre la imagen que transmitimos, nuestro estado anímico y nuestra salud es alta. Solemos mejorar nuestro aspecto, no para gustar a los demás sino para gustarnos a nosotros mismos. Nos infunde seguridad y potencia nuestra estima el hecho de tener un autoconcepto elevado. Y en el mundo en que nos movemos, en el que nuestra imagen se encuentra siempre expuesta a través de las redes sociales, sentirnos atractivos tiene un alto valor social y personal.

Álvaro se mostraba entusiasmado con el transcurso del primer día. Marta hacía gala de una capacidad innata para transmitir conceptos sin apenas apoyos visuales y buscaba la involucración de todos los participantes con una habilidad increíble. Además, manejaba los silencios como una lluvia fina, dejando que las ideas reposasen en la mente antes de introducir una nueva. Sin duda se desenvolvía muy bien con todas las herramientas de la comunicación.

—¿Y la escucha? Tan importante es saber transmitir como saber escuchar —preguntó Carlota.

Marta sonrió.

—Así es; la comunicación es una corriente continua entre el emisor y el receptor. Por tanto, saber escuchar es crítico en la medida en que traduces el mensaje con el filtro de tus creencias y sentimientos, cuando en realidad te está llegando con los matices y las emociones del emisor.

—Yo conocí a un jefe que siempre decía: «Te oigo pero no te escucho». Algo similar a el «sípero» de Julia. —El comentario procedía de Gonzalo, el mando más veterano del grupo—. Me molestaba de verdad porque lo había convertido en una especie de máxima que teníamos que aceptar y no daba lugar a réplicas. A partir de ese momento, se hacía lo que él quería. Era un déspota escudado en los buenos resultados del departamento. Pero el día que estos cayeron, él también salió por la puerta.

Álvaro entró en un pequeño retiro interior. Esa sensación de ser oído pero no escuchado le resultaba muy cercana. En incontables ocasiones trató inútilmente de explicarle a su padre cómo se sentía con tanto viaje alrededor del mundo, rehaciendo su vida en cada uno de los países, buscando la aceptación de los demás para no sucumbir al silencio profundo e imperecedero de la soledad. Al final siempre vencían los argumentos a favor de la familia, la economía o la carrera profesional. «Es lo mejor para todos» justificaba su padre, apartando así sus sentimientos y arrinconándolo más y más en la eternidad de su música y su ordenador. Luego transformó su debilidad en una fortaleza que lanzó con especial virulencia contra Javier. Dejó de escucharlo, convirtió todo intento de conversación en una interrupción continua, y poco a poco, lo que empezó como una táctica de guerrilla se convirtió en la norma. Cualquier puente de comunicación entre él y su padre estaba dinamitado.

—Sí, es más normal de lo que parece —contestó Marta—, pero existe una gran diferencia, no solo semántica, entre oír y escuchar. Practicar la escucha real, ponerse en los zapatos del otro, sentir empatía, no es tarea fácil. Requiere concentración en lo que se nos transmite. Es muy fácil evadirse, comenzar a pensar en lo siguiente que vamos a decir mientras el otro aún nos está hablando. ¿Cuántos de vosotros sois conscientes de que antes de formular una pregunta usáis un tiempo precioso en reformularla una y otra vez en vuestra cabeza antes de lanzarla? Prestad atención. Durante ese tiempo dejaréis de escuchar a vuestro interlocutor y quizás os estéis perdiendo lo más interesante de la conversación.

»QUIENES PRACTICAN LA ESCUCHA ACTIVA NO SOLO OYEN, SINO QUE ESCUCHAN A UN NIVEL MÁS PROFUNDO Y SE CONCENTRAN EN LO QUE LAS PALABRAS REALMENTE SIGNIFICAN. BUSCAN OÍR LA HISTORIA QUE SE ESCONDE DETRÁS DE LAS PALABRAS, LAS EMOCIONES Y LOS SENTIMIENTOS.

»Están atentos a los cambios en el tono de voz, la cadencia, el volumen, la energía, e incluso los espacios entre palabras y los silencios para escuchar el mensaje que se oculta tras todo ese maremágnum de emociones.

»Os recomiendo no asumir lo que otra persona pueda estar pensando. Estéis o no en lo cierto, vuestras asunciones os mantendrán lejos de lo que se está diciendo. Además, cuando te enganchas en esa conversación contigo mismo, te encuentras respondiendo a tu interlocutor con información irrelevante de forma que demuestras que no le has escuchado.

»Hoy en día —reflexionó Marta—, tenemos a nuestro alrededor demasiadas cosas que nos distraen. El *smartphone* y el *smartwatch* son por ejemplo dos grandes distractores que nos impiden escuchar con concentración. Imaginad que estáis en medio de una entrevista que requiere un esfuerzo de atención importante. De repente vibra el móvil —o el reloj— encima de la mesa, se ilumina y entra un *WhatsApp*. ¿Podéis imaginar qué ocurrirá?

—Miras el móvil, lees lo que puedes mientras permanece iluminado y vuelves a la conversación con una excusa —contestó Paola con la naturalidad de haber pasado por ese proceso muchas veces.

—Correcto. Pero ha ocurrido algo más —continuó Marta—: la comunicación se ha interrumpido. Tu interlocutor también se ha percatado del mensaje y de que tu mente se ha desplazado a otro sitio, aunque sea por un ínfimo instante.

Es probable que incluso piense que te está haciendo perder el tiempo y que todo el esfuerzo de empatía y comunicación se rompa en ese preciso momento.

»La empatía pone en contacto a dos personas y las relaciona en tanto en cuanto llegas a comprender la posición del otro desde su punto de vista. Cuando prestas el cien por cien de atención la comunicación es sincera y el diálogo productivo. Se produce un encuentro abierto y transparente entre el emisor y el receptor; se genera confianza y se muestra una preocupación genuina por lo que se está diciendo.

»LA COMUNICACIÓN EFECTIVA SE PRODUCE CUANDO SE GENERA UN ALTO NIVEL DE CONFIANZA.

—¿Alguna pregunta? —concluyó Marta. Habían transcurrido casi dos horas y el equipo era consciente de la importancia de acabar la reunión a la hora prevista. Se miraron unos a otros y nadie formuló ninguna—. Dejaremos esto aquí por hoy. En la próxima sesión abordaremos la importancia de trabajar en equipo. Como entenderéis, la comunicación juega un papel crítico en la construcción de equipos eficientes.

Marta dio por concluida la reunión exactamente a la hora prevista. Había cubierto todos y cada uno de los puntos agendados. Su maestría en el manejo de los tiempos y la moderación de las intervenciones consiguió que todos los presentes participasen de una u otra forma durante tiempos similares, y lo hicieran con la libertad que proporciona el no sentirse juzgados por sus comentarios.

—Es uno de sus puntos fuertes —comentó Miguel cuando Álvaro le explicó cómo le había impresionado Marta; antes de acabar la mañana acordaron verse para cerrar el día—. De hecho, como habrás podido comprobar, damos una importancia absoluta a la correcta utilización del tiempo. Las reuniones de trabajo son un hecho habitual en las organizaciones, un medio necesario para la coordinación de funciones y la toma de decisiones colegiadas. Pero también son a veces una gran pérdida de tiempo para la gente, y por esto tienen que ser muy eficientes. Respecto a la comunicación, recomendamos que sea verbal mejor que escrita. Los *emails* deben servir para refrendar lo que ya se ha acordado previamente, aquello sobre lo que ya se ha discutido y llegado a puntos de interés o acuerdo. La utilización del correo electrónico para evidenciar una opinión personal, para dejar reflejada una postura particular, o simplemente para cubrir el expediente ante un superior es una práctica capciosa demasiado extendida. Todos nuestros buzones se llenan de *emails* con una importante carga subjetiva y, si no ha habido discusión previa, quedan sujetos a la interpretación, generalmente errónea, de quien lo recibe.

—Sí; Marta ha sido muy insistente en todo lo relativo al cara a cara —dijo Álvaro mientras Miguel se servía un café—; hay que hablar más.

—La próxima semana Marta tratará la importancia del trabajo en equipo y la gestión eficiente de las reuniones de trabajo. Tú y yo nos veremos de nuevo a las diez en punto de la mañana. Te agradeceré que me muestres tus conclusiones del día de hoy.

Miguel miró su reloj. Faltaban escasos minutos para las dos de la tarde y tenía que salir con tiempo para no llegar tarde a una comida con un importante cliente de TEKNOFAN®. Se sentía satisfecho con la participación de Álvaro en el programa, «muy activo e interesado» según palabras textuales de Marta, y con el resultado del primer día de formación.

—Debo irme —dijo—; no quisiera hacer esperar a mi cliente y el tráfico es complicado a esta hora. ¿Conoces la teoría de las expectativas racionales? –Álvaro le miró con cara de circunstancia mientras Miguel se ajustaba la chaqueta de cachemir–. Una mañana de otoño, mientras cursaba un MBA, muchos alumnos llegamos tarde a clase a causa del caos de tráfico ocasionado por la lluvia. El profesor esperó pacientemente a que estuviésemos todos y entonces nos explicó lo que denominó *The Rational Expectations Theory:* «Si ya sabíais que iba a llover –nos dijo muy gráficamente– y tenéis la experiencia pasada de lo que eso significa, entonces la próxima vez salís quince minutos antes de donde estéis». Desde ese preciso momento siempre he sido puntual, salvo en contadas excepciones. –Le tendió la mano a Álvaro y abandonó el despacho.

En el vestíbulo, Álvaro se cruzó con Julia cuando esta se disponía a salir.

–¿Qué haces para comer? –preguntó ella.

–Traigo un táper con comida suficiente, ¿te apetece?

Julia sonrió. Bajaron a la calle y buscaron un banco donde compartir lo que le habían preparado a Álvaro en casa. Durante largo rato hablaron de Marta, de TEKNOFAN® y de sus compañeros, e intercambiaron opiniones acerca de la sesión de la mañana. Parecían satisfechos.

Durante la tarde, en el trayecto a la universidad, Álvaro hizo balance del aprendizaje. TEKNOFAN® era una empresa ejemplar desde el primer contacto, casi desde la primera percepción que tuvo a través del ventanal de la cafetería a primera hora de la mañana. No le extrañaba que hubiese sido elegida empresa del año y que le acabasen de otorgar el premio *Best Place To Work*. El liderazgo de Miguel creaba un entorno de trabajo en el que las personas se sentían cómodas y se promovía proactivamente el compartir nuevas ideas. La forma en que Marta había orientado su primera reunión ya era un claro indicativo de que la escucha activa formaba parte esencial del ADN de TEKNOFAN®. Había cerrado la presentación con una cita de Peter Druker en 1993 que decía: «El líder del pasado era una persona que sabía qué decir. El líder del futuro será una persona que sepa qué preguntar. Preguntar y escuchar se necesitan sin remedio. Escuchar activamente las ideas de otros hace que la gente se abra a nuevas experiencias y facilita la percepción de una aceptación verdadera», dijo.

Sentado en el tren, Álvaro sacó un cuaderno de su mochila, repasó sus notas y esbozó lo que posteriormente le presentaría a Miguel:

COMUNICACIÓN Y ESCUCHA: RESUMEN

- **Busca lo que hay detrás de las palabras. La comunicación está conectada a las emociones y a través de estas influimos en los demás.**

- **Mantén un diálogo abierto y sincero. La comunicación es efectiva cuando resulta creíble y se apoya en vivencias y experiencias reales.**

- **Evita las distracciones e interrupciones, propias o ajenas. Presta atención; la escucha requiere concentración y empatía.**

- **Utiliza el lenguaje no verbal. Mantén contacto con la mirada y sé consciente del lenguaje corporal y la expresión facial que estás empleando.**

- **Evita decir «sí, pero». Hazlo de forma que añada valor a lo ya expuesto: «sí, y además» o «sí, y también».**

- **Haz preguntas; no asumas que conoces las respuestas.**

- **Reprime el deseo de dar consejos u opiniones, a menos que te lo soliciten.**

Al final del día, Álvaro se sentía cansado pero satisfecho. Sus propias reflexiones, plasmadas en el resumen que él mismo había preparado, le revelaban todas las carencias de comunicación que él mostraba con su familia: ausencia de emociones, diálogo cerrado y nervioso, interrupciones continuas y una falta de confianza y empatía que cercenaba cualquier intento de entendimiento con sus padres. Pensó en lo agradable que sería poder llegar a casa y sentarse con ellos, hablar, escucharlos, contarles cómo había sido su primer día en TEKNOFAN®. No recordaba la última vez que la conversación había superado los dos minutos, y casi siempre para dirigirse reproches cruzados. Se colocó los cascos y seleccionó su música favorita en Spotify. Se acomodó en el asiento del tren y se dejó llevar por Radiohead durante todo el trayecto. No podía dejar de pensar en Julia. Cuando llegó a casa, sus padres lo esperaban en el salón para cenar. Álvaro entró y, con los cascos todavía puestos, avisó de que esa noche no tenía hambre. Ante la mirada de ambos, se dirigió directamente a la habitación.

5. EL PROPÓSITO SOCIAL

Unos días después, tal como habían quedado, Miguel y Javier se reencontraron en la misma cafetería de su primera cita. Disponían de una hora para desayunar juntos antes de dirigirse a sus quehaceres habituales.

–¿Qué tal Álvaro? Ha causado una excelente impresión en TEKNOFAN®. Según nuestra directora de Talento y Desarrollo de Equipos, se ha integrado muy bien con sus compañeros de formación y participa con acierto en las actividades del grupo. Quizás algo tímidamente todavía. –Miguel quería transmitir su entusiasmo y comenzó preguntándole directamente a Javier.

–Supongo que tienes razón y me alegro de saberlo – contestó Javier con un punto de amargura en su voz–. Lo cierto es que no habla demasiado con nosotros; nos administra la información con cuentagotas y no comparte nada de lo que hace. Necesita tiempo para adaptarse después de tantos meses de incomunicación. Y nosotros también –añadió–. Yolanda y yo somos conscientes de que la aproximación debe ser progresiva, y en la medida en que Álvaro adquiera confianza podremos retomar esa comunicación tan necesaria con nuestro hijo.

–No te tortures demasiado, Javier. Los jóvenes en general andan muy perdidos hoy en día. Por una parte presumen de querer vivir una vida más relajada acorde con los valores que en teoría promueven. Por otra, se les percibe agobiados antes de terminar sus estudios por saber si encontrarán un trabajo y dónde van a trabajar. No ven nada claro, no confían en la sociedad ni en lo que esta proyecta. Sin duda Álvaro atraviesa el mismo proceso que los demás. Dale tiempo, tiene madera.

—Sí, la juventud está muy desconectada de la realidad de la empresa —confirmó Javier—. No tienen ni idea de cómo funciona, de qué teclas tienen que tocar y cuáles no. Eso les deja en buena parte fuera de juego. —Luego dirigió la conversación por otros derroteros—. Oye, ¿qué es eso de «directora de Talento y Desarrollo de Equipos»? ¿Dónde han quedado los Recursos Humanos?

—Te gusta, ¿verdad? —Miguel dibujó una sonrisa orgullosa en su cara—. Jamás me agradó el uso del término «recurso humano». Las personas deben ser tratadas como tales, no como recursos. Aun cuando sea a través de ellas como se consiguen los objetivos y los resultados, siempre me pareció más adecuado no enfatizar el concepto del recurso. Me resulta impersonal; asigna un tiempo y un rendimiento a cada persona, sí, pero olvida lo esencial: las capacidades de cada individuo y cómo estas contribuyen al conjunto, al trabajo del equipo. Gestionar equipos significa identificar el talento individual, potenciarlo y ponerlo al servicio de la empresa en colaboración con otros talentos y capacidades. Los jóvenes de TEKNOFAN® demandan sentirse parte de un equipo, aprovechar al máximo sus puntos fuertes y desarrollar los puntos débiles que ellos mismos identifican y que consideran críticos para avanzar en su desarrollo personal y profesional. Marta les ayuda en el proceso y les provee de las herramientas necesarias.

—La gestión del talento, muy interesante —replicó Javier pensativo. Acostumbrado a la exigencia de resultados por parte de las grandes multinacionales, en muchas ocasiones había tenido la sensación de no haber conocido a sus propios empleados. Las discusiones con los *headquarters* eran interminables respecto al número de personas o *headcount* que debían componer los distintos departamentos. El número era más importante que el coste, por paradójico que esto pareciese–. Aunque imagino que no es oro todo lo que reluce en la gestión de personas. También se atraviesan periodos de crisis, ajustes de costes y de personal, que tarde o temprano ocurren en todas las organizaciones. Supongo que Marta lidiará con situaciones de desalineamiento, conflicto y recortes con los empleados y sus representantes.

–Sin duda alguna así es, Javier. Marta comenzó a trabajar conmigo en mi segundo proyecto empresarial. Como puedes imaginar, hemos pasado por momentos difíciles. Sin embargo, esas situaciones no pueden negar la premisa principal. Cuando en TEKNOFAN® denominamos «Talento y Desarrollo de Equipos» al departamento encargado de velar por el desarrollo profesional de las personas, pretendemos descubrir qué hace singular a cada individuo, cuáles son sus necesidades, sus circunstancias particulares –hizo una breve pausa y continuó–. Demostrar respeto y estima por las personas a través de la delegación de responsabilidad, la participación, la escucha empática, maximizar sus capacidades, sin exigir lo imposible. Indudablemente pretendemos que nuestra gente permanezca siempre empleada por TEKNOFAN®, que desarrollen su carrera con nosotros, pero incluso si no fuese así, nuestra apuesta habrá merecido la pena.

»TRATAR A LOS DEMÁS, NO TANTO COMO NOS GUSTARÍA QUE NOS TRATASEN A NOSOTROS, SINO COMO A ELLOS LES GUSTARÍA QUE LOS TRATASEN.

–Siempre tuviste un concepto particular de la empresa. La multinacional no estaba hecha para ti.

–No es del todo correcto, Javier. Disfruté con ganas de los primeros años de profesión; no me cuestionaba nada en aquellos momentos. Sencillamente quería aprender y dar el máximo posible. Ha sido con el tiempo cuando he comenzado a mirar la empresa no como un ente cuya finalidad no es exclusivamente la producción de un resultado financiero para sus accionistas, sino más bien como una comunidad de personas que buscan satisfacer sus necesidades básicas y prestar un servicio a la sociedad a través de la creación de empleo, la distribución de la riqueza y el bienestar social.

—El propósito social —dijo Javier—. En estos tiempos de hecho es una expectativa de la propia sociedad. Las nuevas generaciones esperan de las empresas algo más que grandes marcas.

—Efectivamente, así es —puntualizó Miguel—. El propósito tiene que ser genuino y central en la identidad de la empresa, coherente con sus valores y su entramado cultural. No puede venir de fuera sino de dentro, de la convicción de querer saber quiénes somos y por qué existimos.

—Lo que ocurre, Miguel, es que si perdemos el foco de los beneficios empresariales, da la sensación de que el objetivo desaparece, de que todo queda muy diluido y las responsabilidades se difuminan. Nadie es dueño de nada.

Miguel se quedó pensativo. Había contestado muchas veces a esa pregunta, a la que recurría una y otra vez.

—No somos una ONG y lo sabemos. Queremos seguir creciendo, y para ello necesitamos que la empresa sea rentable, que genere el EBITDA que nos permita financiar ese desarrollo. Es parte indisociable de cualquier empresa privada. Pero hoy en día —golpeaba la mesa con el dedo índice—, cualquier emprendedor busca hacerse multimillonario en unos pocos años de trabajo. En especial, si hablamos de empresas de tecnología como TEKNOFAN®. Es un grave error. Fueron esa ambición y la presión de los inversores que me apoyaron financieramente los que hundieron los dos primeros proyectos en los que me embarqué. El ambiente de trabajo era caótico; no tenía el control ni me podía concentrar en lo sustancial del negocio. Todo resultaba poco planificado y sobreacelerado. El personal se quemaba por el nivel de la exigencia y la alocada rotación en los puestos clave hacía inmanejable la gestión de las personas. Casi me arruinó, y no solo financieramente. —Pensó por un instante en su pareja. Durante los escasos momentos que compartían juntos, Miguel se mostraba agobiado e irascible, sobrepasado por las circunstancias. Su compañero trataba por todos los medios de hacerle ver el daño que se hacía, lo ciego que estaba. Se encerró en una ratonera de la que no sabía salir y tampoco aceptaba la ayuda de sus amigos más cercanos. Una tarde, al volver a casa se encontró el armario vacío y una escueta nota en su mesilla de noche. Se había quedado solo. Abandonó el pensamiento y finalizó—. Una compañía debería enfocarse por encima de todo en nutrir sus valores y establecer un propósito y una misión que transcienda el objetivo de crear valor económico a corto plazo que, aun siendo necesario, no puede convertirse en la única meta. El dinero es adictivo, siempre necesitarás más.

»Es cierto que nos miramos en el espejo equivocado. Los éxitos espontáneos nos nublan la vista, convertimos en héroes a personas de las que solo vemos lo superficial. Por muy bañado en oro que se pinte, cuando rascas un poco la superficie empiezas a ver las miserias que compartimos. TEKNOFAN® es una empresa que busca el beneficio, pero no nos obsesionamos con él. Hacemos las cosas lo mejor que podemos en todo momento y circunstancia. Tratamos de actuar con inteligencia, dosificamos nuestra energía y la concentramos allí donde somos fuertes y establecemos nuestra prioridad. Y si los resultados tienen que venir, vendrán. Centrarse solo en el presupuesto, en un resultado económico estimado significa gastar tu energía en expectativas, en planes que nos pueden llevar a creer que podemos ir más allá de las estrellas. Es una ingenuidad; las cifras están ahí para retar a la gente, pero el fruto del trabajo es lo que cuenta.

»Preocuparse por las personas suele ser rentable: un trabajador vinculado es un trabajador productivo. Nos centramos en el cliente, pero a menudo olvidamos la importancia de nuestros trabajadores en el proceso de satisfacción del mismo. Es un círculo virtuoso: trabajador comprometido-trabajador productivo-cliente satisfecho-resultados económicos satisfactorios. Nosotros involucramos a los empleados en todo lo que significa cambios para ellos. De esta forma les hacemos partícipes de la gestión, lo que refuerza su compromiso con nuestro proyecto empresarial. Esta visión es la clave del éxito de TEKNOFAN®.

Javier observaba a su amigo con admiración mientras hablaba. Desde que lo conocía, Miguel siempre se mostró sensible hacia las personas. Solía decir: «Tenemos que luchar con humildad por cosas que nos hagan sentir orgullosos de ser seres humanos. Por muy utópico que parezca —repetía con frecuencia—, luchar contra el hambre, las enfermedades, erradicar la explotación infantil, defender los derechos de los desfavorecidos, de la mujer, nos acerca a nuestro lado más humano. La vida tiene otra luz».

Para lo que se demandaba de un directivo con proyección, podía parecer un poco pusilánime, quizás demasiado. «La efectividad parece relacionarse con la agresividad», pensó, pero Miguel había hecho de su posición tranquila y sosegada su mayor fortaleza. Su carrera había sido un empeño empecinado por hacer realidad la simbiosis entre el fin último de la empresa y su aportación a la sociedad a través de las personas. No quería trabajar para enriquecerse sino para generar riqueza, disfrutar del camino y conocer gente sólida, humana. Pretendía añadir calidad a este mundo.

Hacía tanto tiempo que no se veían que tenía la sensación de que estaba conociendo a una persona nueva, que le resultaba más atractiva que el recuerdo que guardaba de su amigo. Se preguntaba qué había provocado el cambio.

—Quizás te estés olvidando de la escala, Miguel. En pequeñas y medianas empresas, la atención individualizada es posible con el enfoque adecuado, pero cuando hablamos de miles de empleados bajo tu responsabilidad, eso ya es otra cosa. La multinacional a la que dediqué mi vida promovía lo que llamábamos *management by walking around* y eso nos obligaba a visitar continuamente las filiales. Pero la involucración personal excesiva constituía un ejercicio imposible y no siempre recomendable.

»Para nuestra empresa, las personas constituían —cómo no— el pilar que sujetaba los cimientos. Gente comprometida con la misión, adaptada a la cultura organizacional, alineada con los resultados a través de la excelencia en la ejecución. Además —comentó volviendo al propósito—, contábamos con un departamento muy potente de Responsabilidad Social Corporativa. Todo el equipo de dirección y de gestión, a todos los niveles, estábamos involucrados en su puesta en marcha. No se trataba como un tema pasajero, ni de relaciones públicas, sino como una responsabilidad íntimamente ligada a las operaciones diarias. Prestar ayuda y conocimiento a personas a las que ni siquiera conocían producía un sentimiento motivador para todos los trabajadores. Hacíamos algo importante con gente a la que respetábamos y para gente que nos importaba. Aquellos programas enfocados de ayuda en acción a terceros daban sentido a la misión de la empresa y reforzaban su reputación ante nuestros clientes.

—En los pequeños detalles reside la diferencia —puntualizó Miguel con claro asentimiento mientras comprobaba la hora en el reloj de su teléfono móvil—. No tenemos mucho más tiempo Javier, pero estoy muy interesado en ese concepto de liderazgo centrado en la ejecución. Quizás en la próxima reunión podamos ampliarlo un poco. Ahora debo volver a TEKNOFAN® –cambió el tema–. Mañana comienza la segunda sesión del programa CHAMP. Precisamente tratarán el tema de los equipos de trabajo, sus relaciones y su liderazgo. Espero a Álvaro a primera hora y confío en que poco a poco el aprendizaje que está asimilando se vea reflejado en su actitud hacia vosotros.

–¡Claro que sí! Lo tenemos muy claro y no queremos presionar. No todo el trabajo está en el tejado de Álvaro; nuestra responsabilidad también es importante. Sabremos ser pacientes. –Se despidieron en la puerta de la cafetería.

Al final de la tarde, después de un complejo día de gestiones con su asesor fiscal, Javier se dirigió directamente a su casa. Cuando cruzó la puerta de entrada, oyó las risas de Yolanda y Álvaro en el salón. No se habían percatado de su llegada, así que se quedó escuchando por un breve espacio de tiempo en el recibidor. Hablaban distendidamente de algo que Javier no atinó a escuchar con claridad. Parecía divertido. Le hubiera gustado intervenir, saltar a escena y compartir con ellos lo que fuese que les hacía reír y reír con ellos. Sin embargo no quiso interrumpir un momento que volvía de otros tiempos y sigiloso se dirigió a la ducha.

6. TRABAJO EN EQUIPO Y LIDERAZGO DE EQUIPOS

A las 10:30 h del siguiente jueves, Marta daba comienzo a la segunda sesión del programa de formación CHAMP. Para entonces Álvaro había tenido tiempo de repasar sus notas de la sesión anterior con Miguel y tomado un café con Manuel y Paola mientras discutían la agenda del día, justo antes de entrar en La Península, donde de nuevo tendría lugar la formación.

Al entrar en TEKNOFAN®, había notado que la gente no ocupaba los mismos puestos de trabajo que la semana anterior. Parecía como si todo fuese nuevo, como si hubiese ido a otro lugar; nada permanecía en el mismo sitio. Tan solo el color de las paredes le recordaba a las oficinas que visitó siete días antes.

—Es una sensación interesante —le había comentado Miguel— que yo también noté con extrañeza al principio. Una vez que te acostumbras, resulta grato trabajar en un escenario cambiante. Los trabajadores pueden relacionarse unos con otros a todos los niveles.

—Buenos días a todos. —Marta requirió la atención del grupo, que charlaba relajadamente hasta ese momento. En la pantalla se proyectaban las dos reglas de oro:

1. **RESPETO AL COMPAÑERO**

2. **PARTICIPACIÓN EQUITATIVA**

–El tema que trataremos en las dos siguientes sesiones está relacionado con los equipos de trabajo, la gestión de los mismos, su construcción y su importancia e interacción con la vida de la empresa a través de una de las actividades más necesarias para la misma: las reuniones de trabajo.

La agenda proponía una sesión similar a la de la semana anterior pero añadía un trabajo en equipo adicional. Marta no adelantó de qué se trataba.

–Siempre trabajamos en equipo –comenzó Marta–, en esta sala, en estas oficinas, en nuestras casas con nuestras familias, en el deporte, en la universidad. No se puede entender la vida como algo aislado sin interacción entre las personas. Trabajar en grupo es trabajar en equipo, y hacerlo de forma eficaz es una obligación de todos y cada uno de sus miembros. –Pausa. Una vez más, trasladaba su fuerza con la seguridad de sus palabras y su personalidad–. En el entorno de la empresa, el equipo no es más que un conjunto de personas divididas y organizadas por grupos funcionales que buscan un objetivo común. Cuando estos equipos operan de forma eficiente pueden resolver problemas más complejos, tomar mejores decisiones, ser más creativos y contribuir más al desarrollo de competencias y al compromiso de cada uno que la suma de las contribuciones individuales –Pausa. Un nuevo silencio para fijar conceptos.

«Desde luego –pensó Álvaro– es una maestra de la prestidigitación».

–El tamaño y la composición de los grupos o departamentos –continuó– dependerá del tamaño de la empresa, pero en cualquiera de los casos, los grupos de trabajo de más de doce miembros se vuelven inmanejables y tienen que dividirse en unidades más pequeñas. Desde nuestra experiencia, el número de componentes ideal, salvo excepciones, es de cuatro a siete personas. Por debajo de esta cifra difícilmente se garantiza la riqueza del grupo y no se justifica la necesidad de que alguien los dirija. Por encima, la organización y la cohesión del grupo se vuelven complejas de manejar. No es una regla fija sino aproximada, pero muy útil para la construcción de equipos de trabajo eficaces.

»Todo equipo necesita un líder, una persona que los dirija en el papel de jefe, directivo, *manager* o mando. Alguien encargado de cohesionar al conjunto para alcanzar los objetivos empresariales de forma satisfactoria. Alguien que los inspire.

—Entonces, ¿de verdad hacen falta jefes? —preguntó Julia casi sin pensarlo. Hizo un gesto de resignación que exageró llevándose las manos a la cabeza, lo que provocó una carcajada general, incluida Marta.

—Claro que sí, Julia. El rol de mando es necesario para la dirección de las personas. Su misión es además que el grupo adquiera las competencias necesarias para alcanzar los objetivos fijados por la empresa. Si no, yo no sería necesaria en esta reunión —le guiñó un ojo.

Marta sabía muy bien que la pregunta de Julia, pese a su espontaneidad, no carecía de importancia. En la llamada Revolución Industrial 4.0 que se inició en 2010, el mundo había cambiado de velocidad y lo había hecho de forma imparable, amparado por una fuerza tecnológica nunca vista que nos acercaba más y más a un mundo de nuevas costumbres. «Quizás sea ahora —pensó— cuando lo que en la generación de los 80 era ciencia ficción comience a ser cotidiano».

—Escuchad —dijo desviando la conversación—, sois una generación que tendrá el privilegio de vivir un cambio transcendental a lo largo de su vida. Y lo haréis a una velocidad hasta ahora desconocida y cada vez mayor. La adaptación a este cambio impulsado por la tecnología se realizará por la vía de las aptitudes y las actitudes. Cada año en TEK-NOFAN® contratamos gente nueva formada en las últimas tecnologías, cuyos nombres —comentó con sorna— yo apenas conozco: Inteligencia Artificial, *Machine Learning*, *Zero UI*, *Chatbots* y Asistentes Virtuales, B*rain-on-a-chip*, *Edge&Fog Computing*, Arquitectura *Serveless*, *Kubernetes,* y un largo etcétera de aptitudes técnicas necesarias para trabajar en el mundo tecnológico actual. Pero el cambio se produce a tal ritmo que quizás alguna de estas cosas que acabo de mencionar ya se haya quedado obsoleta y esté siendo reemplazada por una nueva tecnología.

–Sí –reconoció Manuel–; supone un esfuerzo enorme mantenerse actualizado en todo lo que aparece en el mercado.

–La segunda vía –continuó Marta– es la actitud como motor de cambio. Apostar por el aprendizaje continuo con una mentalidad abierta, estar dispuestos a aceptar más riesgos, a desarrollar competencias directivas y a trabajar en equipos. Y a liderarlos –dejó unos instantes en suspense–. El conocimiento puede quedar obsoleto en el momento en que lo adquirimos. Por tanto, será el entramado cultural de las organizaciones, transmitido a través de sus líderes, el que marque la diferencia en el desarrollo de las personas y el éxito de las empresas. Cultura y equipo hacen fuerte a una empresa. En entornos tan cambiantes, los equipos de trabajo eficientes serán imprescindibles para absorber de forma colectiva el tiempo y la energía que requiere el cambio. Y esos equipos a su vez necesitan líderes que los dirijan, que faciliten la resolución de problemas a través de dinámicas de grupo, capaces de dirigir el entusiasmo y la atención hacia la mejora continua. El éxito individual del líder dependerá en gran medida de cómo sea capaz de mejorar la productividad y la calidad del trabajo del grupo de forma sostenida.

»EL RETO AL QUE OS ENFRENTÁIS SERÁ EL DE DECIDIR ENTRE SER LA SOMBRA DEL CAMBIO TECNOLÓGICO O ABRAZAR ESTA NUEVA ERA CON LAS HABILIDADES Y COMPETENCIAS

REQUERIDAS PARA LIDERAR A LAS EMPRESAS QUE MOVERÁN EL MUNDO.

»Es una decisión que determinará el resto de vuestra vida.

Se removieron en sus asientos. Una vez más, Álvaro contemplaba con extrema admiración como Marta los embrujaba, captando completamente la atención del grupo y provocando su inquietud.

Marta decidió cambiar el orden de su presentación sobre la marcha. Habían introducido un tema crítico y prefirió continuar con él para volver más adelante a las dinámicas de grupo. Antes quería cerciorarse de que el rol del líder-mánager, sin establecer aún diferencias entre ambos términos en relación a los miembros de un equipo y su desarrollo, quedaba completamente despejado.

—¿Cuál fue vuestra primera preocupación cuando os incorporasteis a TEKNOFAN®? —preguntó.

—Conocer con claridad qué iba a hacer, qué se esperaba de mí en el trabajo —contestó Carlota, y después añadió—, y si la empresa me iba a proporcionar los materiales y el equipo necesarios para llevarlo a cabo correctamente.

—Muy interesante, ¿y tienes la respuesta?

—Sí, mi jefe se sentó conmigo la primera semana y juntos establecimos unos objetivos específicos, alineados con los del departamento, así como los indicadores para medirlos. Lo más notable es que me hizo partícipe de la fijación de los mismos, así es que en todo momento tuve la sensación de que eran mis objetivos. Luego me pidió que los escribiera y acordamos un calendario de reuniones mensuales de veinte minutos para evaluar el seguimiento. Incluso hablamos de algunos objetivos y expectativas de futuro.

»Respecto a los materiales y el equipamiento, mi jefe me preguntó qué necesitaba para hacer mi trabajo. Le pedí un ordenador, los programas y conexiones necesarios e información actualizada de los avances informáticos que iban ocurriendo en el mercado para estar siempre al día. Y ya que me pedía con tanta amabilidad que le ayudara, le sugerí que me consiguiese un iPhone 10 a cargo de la empresa. «En este caso —me dijo con una palmadita en la espalda y una sonrisa—, vamos a esperar un poquito».

El gesto que hizo, simulando los golpes en la espalda que le propinó su jefe, provocó la risa de sus compañeros. Pero todos, sin excepción, identificaron el mismo proceso en la primera charla con sus respectivos mánagers.

—Efectivamente —contestó Marta—, es lo primero que hacemos aquí cuando nos sentamos por primera vez con un nuevo miembro de la empresa.

En pantalla se mostraba ahora un cuadro con los diez puntos imprescindibles para el manejo de un equipo de forma eficiente. Cumplirlos significaba orientar al grupo hacia los objetivos de la empresa, hacia los resultados. Álvaro, que tomaba notas sin parar, se apresuró a apuntarlos en su cuaderno:

ROLES Y COMPETENCIAS DEL MÁNAGER EFICIENTE

1. Fijar objetivos y expectativas claras

2. Facilitar entorno, materiales y equipos

3. Empoderar al equipo

4. Reconocer el trabajo bien hecho

5. Preocuparse por la persona, no solo por el profesional

6. Orientar y apoyar

7. Dar feedback puntual. Retroalimentar el proceso

8. Liderar a través de los valores de la empresa

9. Generar una atmósfera de confianza

10. Crear oportunidades de crecimiento

—Los dos primeros ya los ha mencionado Carlota —dijo Marta—. Cubren las necesidades básicas de cualquier componente de un equipo y constituyen el primer paso para dirigir el desempeño hacia el éxito. Sin objetivos y sin herramientas no se pueden alcanzar los resultados esperados, cuya consecución constituye en definitiva el objetivo principal del mánager y de su equipo. Qué se espera de mí y si la empresa me ha proporcionado los medios para hacer mi trabajo son cuestiones que deben resolverse al comienzo de toda relación. No tendría sentido estar en un lugar sin saber para qué estás allí, ¿verdad?

»Junto a los objetivos, se establecen los KPIs —*Key Performance Indicators*— para medirlos, así como los momentos en que su progreso será revisado mediante discusiones formales con cada miembro del equipo.

»El tercer punto —continuó— tiene mucho que ver con el arte del liderazgo. La esencia del líder consiste en empoderar de forma gradual a cada miembro del grupo, cederle responsabilidad en la dirección y el control del equipo para que la toma de decisiones se produzca de forma colegiada y cada participante se sienta propietario de las mismas.

»LIDERAR ES, EN DEFINITIVA, HACER QUE LOS DEMÁS HAGAN, Y QUE SEA DE MANERA COHESIONADA Y CONSTRUCTIVA, ÉTICA, ABIERTA Y HONESTA, DENTRO DEL MARCO DE LOS PRINCIPIOS Y VALORES DE LA EMPRESA.

»Como miembro activo del grupo, el líder también debe conocer muy bien cuáles son las fortalezas, debilidades y necesidades de cada individuo, canalizarlas para maximizar su aportación al conjunto, crear un ambiente en el cual los integrantes del equipo confíen los unos en los otros y así alcanzar el máximo potencial del equipo. Pensar en «nosotros», en «equipo»; un líder eficiente jamás piensa en términos personalistas, en «yo».

—¿Y qué ocurre si no estamos de acuerdo con nuestro jefe? ¿Si nuestros puntos de vista no coinciden con sus formas y actuaciones para alcanzar los objetivos? —Gonzalo lanzó la pregunta. Era bien conocida por todos su incompatibilidad con el director del departamento al que pertenecía. Gonzalo era uno de los expertos en ciberseguridad más codiciados del país, hecho que encumbraba su ego hasta el punto de hacerle sentir imprescindible, intocable. Más aún cuando la calificación de sus resultados, así como su evaluación global, eran excelentes. Su jefe, en un intento desesperado por recuperarlo, lo recomendó para participar en el programa CHAMP con la esperanza de que se diese cuenta por sí mismo de las carencias y debilidades que tendría que trabajar si quería continuar en la empresa.

—Lo más importante en ese caso —repuso Marta— es ceñirse a los hechos y a los resultados. Mantener un diálogo activo sobre todos los aspectos bajo cuestión, confrontando los resultados, reales o esperados, con los objetivos previamente definidos.

»Si es un problema de habilidades o conocimientos para hacer bien el trabajo y estos pueden proporcionarse, la solución es sencilla: basta con identificar qué se necesita y planificar el aprendizaje adecuado.

»Pero si se trata de un problema de encaje de habilidades con el rol del puesto de trabajo, la solución se torna un poco más compleja. En este caso, redefinir los roles es una posibilidad; o facilitar la libertad necesaria para alcanzar los objetivos flexibilizando políticas y procedimientos para conseguirlos es otra opción válida si de eso se tratase.

»Sin lugar a dudas —dijo mirando directamente a Gonzalo—, la resolución se trabaja conjuntamente, nunca de forma individual.

Álvaro observó a Gonzalo. Parecía valorar si decir algo más o morderse la lengua. Optó por lo segundo y se quedó callado. Tan callado como se quedaba él cuando su padre lo interpelaba, cuando trataba de averiguar qué le pasaba y cómo podía ayudarle. Él no decía nada; lo ignoraba a sabiendas de que esa ignorancia era lo que más le dolía. Una y otra vez, a cada intento de sentarse con él, Álvaro hacía oídos sordos y le dejaba colgado en la habitación, el salón o donde quiera que lo intentase, sin cruzar apenas una palabra con él. Luego escuchaba la discusión con su madre; durante largo rato se oía su monólogo, hasta que de repente se hacía el silencio.

Con la mirada clavada en Gonzalo, volvió a la realidad y notó que Julia le observaba con un gesto de nariz burlón, pícaro, como si le hubiese pillado durmiendo. «Bonita nariz» pensó. Le devolvió la sonrisa y se concentró de nuevo en la presentación.

—Cuando uno hace algo, siempre hay consecuencias —Marta explicaba el cuarto punto—, y esas consecuencias afectarán a la vinculación del individuo con el resto del grupo, la empresa y sus objetivos. El empleado vinculado está cien por cien comprometido con su trabajo, lo contempla como un atractivo reto diario. Por lo tanto:

»CUANTO MÁS SE RECONOZCA EL TRABAJO BIEN HECHO, MÁS SE REPETIRÁ EL COMPORTAMIENTO QUE LO PROVOCÓ. Y ESO ES ALGO ALTAMENTE DESEABLE.

»Siempre que sea posible, el reconocimiento debe hacerse en público. Pese a que pueda provocar celos en sus compañeros, si el reconocimiento es público, la autoestima y la visibilidad del individuo se ven potenciadas, el comportamiento reconocido sirve de modelo para otros y los empleados aprenden que hacer las cosas bien. Se convierten en un modelo para otros.

—Me encanta el quinto punto: «Preocuparse por la persona, no solo por el profesional». —Julia lo leyó en voz alta, aprovechando la pausa que Marta había hecho para beber un poco de agua—. No somos números sin cara ni ojos. Necesitamos sentirnos seguros en el trabajo, saber que podemos equivocarnos, afrontar retos, compartir información, apoyarnos unos a otros... que se nos valore como personas.

A Marta le gustaba Julia. Sus intervenciones espontáneas le daban un aire fresco a la sesión y buscaba momentos muy oportunos para intervenir sin interrumpir el curso de la charla. Su claridad de ideas y su mente abierta la alejaban del prototipo de ingeniero de telecomunicaciones que era. Atravesaba circunstancias personales complejas, y sin embargo se graduó en una de las carreras universitarias más exigentes mientras cuidaba de su madre, cuya enfermedad se prolongó durante largo tiempo. Jamás perdía el buen humor a pesar de su particular situación. Atraía cosas buenas.

—Sí. Y cuando eso ocurre —prosiguió Marta—, el equipo se vuelve productivo porque cada miembro se siente seguro, cuidado. No lo olvidéis:

»LAS RELACIONES INTERPERSONALES SON EL CEMENTO QUE CONSIGUE QUE EL LUGAR DE TRABAJO SEA UN EXCELENTE LUGAR DE TRABAJO.

»Pero ojo —advirtió—; preocuparse por la persona no significa irse de copas con ella, conocer todos los detalles de su vida o invitarla a tu casa a la barbacoa de los sábados. Esa familiaridad no es necesaria. Un buen mánager se preocupa de hacer ver a cada empleado que se interesa de forma natural y genuina por su éxito profesional. Pero también sabe que habrá momentos difíciles, momentos en los que la conversación se endurezca y momentos en los que tendrá que despedir a alguien porque esa persona jamás crecerá en su puesto. Sin embargo, esta circunstancia no debe significar que evite preocuparse por ella: incluso un despido justificado puede suponer una gran oportunidad, en la medida en que ofrece la posibilidad al trabajador de encontrar un nuevo rol en el que tener éxito.

—Pero no es fácil conectar con todo el mundo, ¿verdad? ¿Cómo se puede manejar una relación exenta de química personal cuando además se trata de tu director? —Gonzalo cargaba de nuevo y su enemistad con su superior empezaba a percibirse como algo más que evidente.

—En esos casos es difícil forzar la situación. Lo recomendable es que el mánager busque la forma de conectar con la persona, bien directamente o a través de terceros. Ahora bien, una relación compatible con el superior es esencial para hacer el trabajo. Un empleado debe trabajar conjuntamente con su jefe para obtener el mejor resultado posible para ambos y para la empresa. El equilibrio de poder está sesgado hacia el mando, por eso se hace necesario manejar el trato con inteligencia –hizo una pequeña pausa y se dirigió a todo el grupo señalándolos con un gesto del dedo en abanico–. Cada uno de vosotros debe asumir la responsabilidad de dirigir su desarrollo y su carrera profesional. No podéis esperar que sea vuestro jefe quien os provea de la información necesaria para hacer bien vuestro trabajo. Tenéis que tomar el control. Es vuestra obligación concienciaros de la importancia no solo de manejar a los subordinados, sino también a los que os dirigen: conocer sus objetivos, las presiones a las que están sometidos, su estilo de liderazgo, sus fortalezas y debilidades. Empatizar con ellos. Como humanos, también son susceptibles de equivocarse. Entender lo que impide o facilita trabajar con un superior permite tomar acciones que mejoran la eficacia de la relación.

Álvaro la miraba absorto. Marta poseía la curiosa habilidad de atraer a su pensamiento a su padre y remover sus sentimientos más profundos. ¿Sería posible que él no hubiese hecho ningún esfuerzo por conocerlo, por entender la coyuntura profesional y las dificultades que atravesaba, especialmente en Japón cuando llegaba agotado a casa bien entrada la madrugada? ¿Que su frustración, su enfado o su continua negativa a todo aquello que viniese de él estuviese provocada por su dependencia de la autoridad del padre? ¿Cuánto de aquello era responsabilidad suya? Pero, ¡qué diablos! ¡Tenía dieciséis años! ¿Qué podría haber hecho él? Luchaba interiormente; comenzaba a darse cuenta de que veía a su padre como un enemigo institucional al que atacaba de forma impulsiva y poco tolerante, casi siempre por el simple hecho de contradecirlo.

Marta notó la incomodidad en el rostro compungido de Gonzalo. Le ofreció un gesto amable y pensó que antes de que acabara el día tendría una charla individual con él. Después pasó al sexto punto: «Orientar y apoyar».

—Un buen mánager tiene que ayudar a sus equipos a encontrar su lugar en el grupo —comenzó—, aquel que le permite desarrollar sus fortalezas y utilizar de forma eficiente la combinación de talento, competencias y conocimiento. En eso consiste desarrollar el equipo. No se trata de promocionar en el organigrama corporativo; se trata de ayudar a cada persona a encontrar el lugar correcto para ella.

»El mánager responsable debe adoptar una actitud de entrenador, de apoyo y orientación permanente, para ayudar a los componentes de su equipo a consolidar sus conocimientos y potenciar las habilidades necesarias para el desempeño de su tarea. Imagino que habréis escuchado el dicho: «Dale un pez a un hombre y le habrás alimentado por un día. Enséñale a pescar y le alimentarás durante toda su vida». El *coaching* no es más que la diferencia entre dar órdenes y ayudar a la persona a afrontar distintas situaciones por sí misma.

> **»DESARROLLAR EL EQUIPO CONSISTE EN PERMITIR A SUS MIEMBROS POTENCIAR SUS FORTALEZAS Y UTILIZAR DE FORMA EFICIENTE LA COMBINACIÓN DE TALENTO, COMPETENCIAS Y CONOCIMIENTO.**

—El líder-entrenador establece relaciones que ayudan a los miembros de su equipo a sentirse valorados, apreciados y partícipes en la toma de decisiones. Les da la oportunidad de expresar sus ideas, de entender que sus opiniones cuentan. Transmite empatía, involucra, descubre, apoya. Y lo hace a través de su principal habilidad: el arte de preguntar. Preguntas incisivas que fuerzan a la gente a pensar, a descubrir, a buscar.

–Hay personas que nunca preguntan. Que te hacen sentir insignificante o irrelevante porque nunca tienen en cuenta tu opinión, incluso cuando el tema te afecta directamente. –El comentario provenía de Álvaro. Lo hizo en voz baja, tanto que más parecía un pensamiento, aunque no lo suficientemente bajo como para que no se escuchase en la sala de reuniones.

–Por supuesto que ocurre, Álvaro. Y con más frecuencia de la que cabría esperar –añadió Marta.

–O a veces te preguntan lo que piensas aunque en realidad no les importa porque ya han tomado su decisión. –Álvaro terminó su reflexión en voz alta, ignorando la apreciación de Marta. No estaba seguro de qué le había llevado a hacer ese comentario pero le pareció oportuno al hilo de la conversación que estaban manteniendo. Quizás buscaba respuestas.

–En el entorno de la empresa –Marta había captado un tono diferente en la voz de Álvaro que le hizo ser prudente– ese comportamiento dice muy poco del mánager. Ya hablamos suficientemente la semana pasada sobre el papel de la escucha activa, empática. Para el caso que mencionas, la mejor solución es actuar con honestidad. Si ya se ha tomado una decisión hay que decirlo. Si no es definitiva, se debe involucrar a la persona implicada, ponderar sus ideas y opiniones, y finalmente tomar una decisión, con una argumentación razonable de la misma.

Se produjo un silencio general. Todos en la sala percibieron el interrogatorio que Álvaro se había hecho a sí mismo y que en décimas de segundo había cambiado su talante. Julia se preguntaba cuál sería la razón por la que de repente se había vuelto más taciturno y cabizbajo.

–De la misma forma que el mánager debe identificar las fortalezas y debilidades de su gente a través del *coaching*, también debe proporcionar *feedback* sobre cómo progresan, en qué cosas específicas están siendo excelentes y lo que deberían hacer para mejorar su trabajo y sus resultados. —Marta conectaba así el último punto tratado con el siguiente, «Dar *feedback* puntual»–. No hacerlo resta al trabajador oportunidades de tomar el control de su desarrollo y de su carrera, y puede hacer que incluso las personas de más talento fracasen.

»El *feedback* y el *coaching* son útiles si van de la mano. El primero indica a la gente en qué es buena y qué debe mejorar, y el segundo proporciona guía, instrucciones y apoyo para que esas mejoras se produzcan. De hecho, estudios demuestran que la falta de *feedback* erosiona el aprendizaje y que la motivación de la gente disminuye con el tiempo cuando no saben cómo lo están haciendo.

—¿Pero el *feedback* no siempre es positivo, verdad? Es fácil cuando la cosa ha ido bien, pero esa no es la única posibilidad. De hecho, la mayoría de las veces se nos castiga por lo que hacemos mal y solo de vez en cuando se reconoce el trabajo bien hecho. —Era Paola quien preguntaba ahora.

—Efectivamente, es una práctica habitual de muchos mánagers centrarse en lo que no ha ido bien y asumir como parte del trabajo un buen resultado. Dar *feedback* a una persona no siempre es divertido ni cómodo. No todo el mundo lo sabe hacer bien, la verdad puede doler. Sin embargo, en cualquier circunstancia, positiva o negativa:

»EL FEEDBACK TIENE QUE SER UN DIÁLOGO ABIERTO Y RESPETUOSO ACERCA DE LOS LOGROS DEL INDIVIDUO, JUNTO A UN RECONOCIMIENTO DE LOS RETOS QUE LE SEPARAN DE SU SIGUIENTE ÉXITO».

»Mi recomendación es proporcionar un *feedback* informal continuo según se produce el progreso, porque las señales de reconocimiento refuerzan la actitud del empleado de que puede conseguirlo, y reafirma la confianza del líder en su capacidad para hacerlo. El reconocimiento por el trabajo bien hecho debe darse cuando se merece incluso si se trata de la misma persona, y ser inmediato porque el efecto es mucho mayor cuando el *feedback* y la satisfacción coinciden. Además, también tiene que ser sincero y medible, específico acerca de lo que se ha hecho y cómo ha contribuido a los resultados de la empresa, del cliente o del equipo.

»Por otro lado, un *feedback* 360° más formal y por escrito también es recomendable una o dos veces al año. Entender cómo te ven, además de tus jefes, tus compañeros y subordinados, ayuda a tomar las medidas correctivas necesarias para desarrollar profesionales de alto rendimiento.

—Por tanto, la ejecución correcta es una mezcla de crítica constructiva y *feedback* positivo.

—Es una excelente apreciación, Manuel; esa combinación bien explotada hace que la gente entregue lo mejor de sí misma. Manteniendo una actitud positiva y confiando en su equipo, los grandes líderes hacen posible lo imposible y motivan a su gente para transformar lo que parece una simple posibilidad en una realidad palpable.

La mañana estaba siendo intensa y Marta notaba el cansancio en el lenguaje corporal de los chicos.

—Me parece que es un momento adecuado para hacer una parada y tomar un café. —Un murmullo general aprobó la idea—. Nos vemos en diez minutos; terminaremos los puntos restantes y dejaremos los procesos, las normas de funcionamiento del grupo y la gestión de reuniones eficientes para la próxima semana.

Se levantaron arrastrando las sillas y salieron de la sala. Cada uno se dirigió a su puesto de trabajo a contestar *emails* y llamadas telefónicas pendientes. El trabajo seguía adelante y lo que pudiesen adelantar no se acumularía en la bandeja de entrada. Álvaro se dirigió a la cafetería para prepararse un café. Un minuto después, Julia se le acercó por detrás.

—¿Qué te pasó ahí dentro? ¡Parecía que ibas y venías de algún sitio fuera de la sala!

—¿Quieres un café? —Álvaro le ofreció el que acababa de preparar mientras sopesaba la respuesta—. La verdad, no lo sé. En algunas ocasiones tengo la sensación de que Marta me lanza los mensajes directamente a mí.

—¡A mí me pasa lo mismo! ¿No es curioso? Hay cosas que me hacen pensar en otras muchas que tengo que aprender y cambiar todavía. Aunque no lo parezca —dijo con timidez—, soy una mujer introvertida, me cuesta relacionarme. —Sonrieron y chocaron sus tazas a modo de brindis.

A Álvaro le gustaba tener cerca a Julia. Desde que habían comido juntos la semana anterior no había pasado un día sin que pensara en ella. No tenía demasiados amigos en Madrid. Se había incorporado a la universidad con el curso avanzado y no había conseguido intimar con ningún grupo de estudiantes. Se limitaba a moverse entre la universidad y su casa, encerrado en sí mismo, con sus cascos y su música como única compañía. Julia era como un soplo de aire fresco, como una botella de champán recién descorchada que aportaba frescura y naturalidad, y le transmitía la seguridad que él necesitaba más que nunca en el ambiente enrarecido que estaba viviendo los últimos días. Todo en ella le parecía atractivo: su diálogo fluido e inteligente, su mirada intensa tras unos brillantes ojos negros, su ondulada melena castaña que vestía el óvalo de su cara, su imagen triste y cansada, a pesar de la jovial apariencia que mostraba con habilidad.

—¿Comemos juntos? —propuso finalmente.

—Por supuesto —contestó Julia—, volvamos a la sala. Ya sabes, «el retraso máximo admitido es de cinco minutos».

–La pésima imitación de la voz de Marta provocó la risa burlona de Álvaro, que le propinó un empujoncito hacia la puerta.

–Anda, tira o nos quedaremos fuera.

7. ENTORNOS DE CONFIANZA

Marta cerró la puerta con el grupo de asistentes al completo. En pantalla continuaban los diez puntos que identificaban los roles y responsabilidades del mánager eficiente. Había resaltado los tres que quedaban por cubrir. Los enumeró uno por uno:

–Liderar a través de los valores de la empresa, generar una atmósfera de confianza y crear oportunidades de crecimiento son los objetivos más elevados en la jerarquía de vinculación del empleado con la empresa.

»La misión y los valores de la empresa deben mantenerse en primer plano, y toda actuación, actividades y conductas deben enmarcarse dentro de sus límites.

»EN SU ROL DE LÍDER, COMO CORREA TRANSMISORA Y PROTECTORA DE LOS VALORES DE LA EMPRESA, EL MÁNAGER DEBE UTILIZARLOS SIEMPRE COMO MODELO, Y MOTIVAR A SU EQUIPO A LLEVAR A CABO ACCIONES QUE LOS APOYEN DEFINIENDO UNAS PRIORIDADES QUE LOS REFLEJEN EN TODO MOMENTO.

»Y, como ya hemos comentado, reconocer y recompensar a aquellos miembros cuyas acciones los sustenten con claridad.

–Es clave para nosotros que la misión de TEKNOFAN® o su propósito nos haga sentir importantes; pertenecer a algo mayor que nosotros mismos refuerza nuestro compromiso a largo plazo. Es mucho más interesante ser parte de una misión que simplemente completar tareas o trabajos esporádicos. —Gonzalo llevaba más tiempo en TEKNOFAN® que el resto de compañeros. A pesar de sus diferencias personales con su jefe, era un mánager comprometido y resolutivo, considerado de alto potencial. Antes de incorporarse a la compañía lo intentó durante dos años como *freelance*, realizando trabajos para terceras empresas que contrataban sus servicios más por el precio competitivo que se veía forzado a ofertar que por la indudable alta calidad de sus trabajos. Cuando encajó el propósito y los valores de TEKNOFAN® con los suyos propios, se dio cuenta de lo que la compañía podía hacer por él: representarlo, compartir sus propios valores y tener objetivos similares.

—Así es, Gonzalo; la misión y los valores no son simples palabras en un papel. Pueden ser interpretados de manera diferente por cada individuo. Lo importante es que cada uno encuentre la conexión entre los valores de la compañía y los suyos propios. —Marta quiso aprovechar el comentario de Gonzalo para incidir un poco más en el problema que le impedía brillar y que le alejaba de ser un mánager con una proyección excelente.

»Cuando se produce ese encuentro —continuó—, el efecto es multiplicador. Sin embargo, no tendrá los resultados esperados si a la vez no se construyen unas relaciones estratégicas profesionales que faciliten el logro de los objetivos, buscando oportunidades, dando prioridad a las metas del equipo o de la organización frente a las de uno mismo. Las relaciones personales positivas acercan los acuerdos con los compañeros para apoyar ideas o llevar a cabo acciones conjuntas.

Esta vez, Marta se cuidó mucho de no mandar el mensaje en la dirección de Gonzalo. Este esperó a que se cruzaran sus miradas y lanzó un gesto con el pulgar indicando, «vale, lo he pillado». Marta le hizo guiño. «Quizás con esto sea suficiente», pensó.

—Bajo el marco de las relaciones positivas, el mánager eficiente promueve una atmósfera de confianza en el equipo que genera importantes oportunidades de crecimiento.

—¿Las relaciones positivas y la amistad podrían llegar a confundirse? —preguntó Paola con su particular acento italiano—. ¿Cuál es la diferencia? Porque al trabajo no se viene a hacer amigos... O al menos eso dicen.

Álvaro enarcó las cejas señalando a Manuel. Julia sonrió divertida; también ella había notado cómo una sonrisa tonta y bobalicona asomaba en su cara cada vez que Paola abría la boca.

—Muy buena pregunta. Déjame que te responda con otra: a ti, ¿en qué tipo de empresa te gustaría trabajar? ¿en aquella que genera un ambiente de compañerismo y confianza o en la que no lo hace, se guarda información crítica o insta a una fuerte competencia entre compañeros?

—En la primera —contestó Paola sin dudarlo—. Y seguro que mi recorrido en una compañía así será de más largo plazo.

—Correcto. No obstante, no debemos situarnos en los extremos. La competencia interna es sana y no toda la información puede compartirse. Además, tampoco podemos forzar a nadie a hacer amigos en su trabajo.

»LO IMPORTANTE ES GENERAR UNA ATMÓSFERA DE CONFIANZA, UN CLIMA DE COOPERACIÓN EN EL QUE LAS PERSONAS SEAMOS MÁS PRODUCTIVAS COMBINANDO NUESTROS ESFUERZOS COMO UN EQUIPO COHESIONADO.

»Es agotador tener que vigilar tu espalda a todas horas. El papel del mánager es crítico en este cometido, porque cuando existen malas relaciones en un nivel jerárquico superior, las relaciones entre los miembros de los equipos se ven también afectadas, y eso es pernicioso y dañino para la organización.

»Por último –Marta enfilaba el *sprint* final de la segunda sesión. Todo parecía indicar que lo haría a la hora prevista, incluyendo los cinco minutos de ruegos y preguntas y las conclusiones de la mañana. Era puntual como un tren suizo–, la empresa debe ser un lugar donde el empleado aprenda y se desarrolle. Y no solamente facilitando el trabajo, sino ofreciendo opciones de aprendizaje entre las que el trabajador pueda elegir: formación técnica y habilidades, *coaching*, seminarios, programas de bienvenida, artículos de interés, lecturas relacionadas con sus tareas, etc.

»Sin embargo, la responsabilidad de la formación no le corresponde únicamente a la empresa; el empleado también tiene la obligación de proveerse su propia formación para su desarrollo.

–En un mundo tecnológico tan cambiante como el nuestro –añadió Manuel–, la curiosidad, la capacidad de querer saber y averiguar cosas constituye el punto de partida, el comienzo de todas las preguntas. Representa un estímulo y un reto personal, porque no se está satisfecho hasta que no se encuentra la respuesta adecuada a aquello que originó la inquietud.

–Un mánager cuyo equipo posea esta virtud dispone de forma natural de muchas más opciones creativas y diferentes para resolver problemas de su entorno, y todo el equipo se verá beneficiado por el resultado –reafirmó Marta–. Por tanto, sed como Einstein, que se definió a sí mismo –repuso mientras cerraba su presentación y daba por concluida la sesión– como un ser «apasionadamente curioso».

Álvaro miró su reloj; eran las dos de la tarde. Desde que acabara la reunión se había encerrado en la pecera Menorca para aclarar sus apuntes e ideas. Miguel no había vuelto de una cita fuera de la oficina y no lo haría hasta bien entrada la tarde. Decidió enviarle un *email* con sus conclusiones, que no discutirían ya hasta la semana siguiente:

TRABAJO EN EQUIPO. RESUMEN

- Todo equipo tiene que tener un propósito, unas expectativas claras sobre cuál es su función y qué objetivos se esperan del mismo.

- Los objetivos y la actuación del grupo deben plantearse en el marco de la misión y los valores de la empresa.

- Todo equipo necesita un líder que organice las reglas del juego, reparta roles, empodere, motive a sus miembros y se preocupe por el éxito profesional de cada uno.

- Los equipos eficientes promueven un clima participativo y de confianza entre sus miembros. Hacen el trabajo divertido y están abiertos a nuevas ideas.

- En un equipo, la responsabilidad del trabajo es compartida. Todos los miembros son responsables de que los objetivos se cumplan y deben sentirse dueños de su contribución individual.

- Cada participante debe conocer cuál es su progreso y recibir reconocimiento público por el trabajo bien hecho siempre que sea oportuno y necesario.

- En el caso de *feedback* negativo, este debe ser constructivo y específico, centrarse en hechos objetivos –resultados frente a KPIs establecidos– y oportunidades de mejora futura.

8. EL TIEMPO PERDIDO

Satisfecho con el resultado, mandó un *WhatsApp* a Julia y salieron directos a comer cinco minutos después. Tenían un hambre leonina tras una mañana de intensa formación. A Álvaro le encantó la propuesta de ir a un restaurante brasileño que Julia había descubierto la semana anterior. Se hallaba a un par de manzanas de TEKNOFAN®, y según le había comentado merecía la pena probar la sabrosa carne que incluía el menú. Se colgó la mochila al hombro con el táper que le habían preparado en casa. «Me lo comeré esta noche», pensó.

El restaurante se encontraba casi al completo, pero aún quedaban algunas mesas vacías. Estaba decorado con los colores de la bandera brasileña y plantas naturales que colgaban de maceteros situados en las paredes. Todo parecía muy alegre y tropical; incluso el olor de la comida al entrar por la puerta era fresco, lo que provocaba un efecto positivo en los sentidos. Eligieron el lugar que les pareció más tranquilo y apartado y se sentaron a esperar al camarero. El bullicio era elevado.

—Vaya mañanita, ¿verdad? —comenzó ella.

Álvaro asintió con un gesto de la cabeza mientras repasaba el menú que encontró encima de la mesa.

—Desde luego —dijo—, agotadora. Marta concentra tanto sus mensajes que es imposible despistarse ni un segundo. Debo reconocer que estoy flipando con lo que escucho, aunque, como te dije antes, hay veces que todo esto me revuelve por dentro.

Interrumpieron por un instante la conversación para que el camarero tomase nota de su pedido. Después, Álvaro prosiguió.

—Mi padre es uno de esos líderes que han triunfado por el mundo en una gran carrera internacional. —Julia le miraba con interés mientras hablaba. Le gustaban sus ojos verdes y su corte de pelo revuelto—. Salí de casa cuando era muy pequeño y ya no volví hasta el año pasado, quince años después. Primero lo destinaron a Italia, luego a Alemania, Suiza y finalmente a Japón. Allí donde había algo que arreglar, enviaban a mi padre, un líder inspirador y un mánager nato enfocado en conseguir los objetivos y hacer que todo volviese a funcionar. —Julia notaba que a Álvaro no le resultaba fácil hablar de aquello, a pesar de haber iniciado él mismo el tema. Mantuvo el silencio y le dejó seguir—. Mientras estuvimos en Europa fue relativamente fácil. Volábamos con frecuencia a Madrid y mi madre y yo pasábamos temporadas largas con la familia mientras mi padre daba vueltas por el mundo apagando fuegos y consumiendo un tiempo precioso que no podía dedicarnos.

»Volvía agotado y trataba de compensarnos con las mejores opciones que cada lugar ofrecía. Como expatriados, vivíamos por todo lo alto en casas que pagaba la empresa, en las mejores zonas de cada ciudad. Acudí a los más prestigiosos colegios internacionales, donde tuve la oportunidad de conocer a otros chicos en mi misma situación. Parecían colegios de Babel —dijo reflexivo.

El camarero dejó el primer plato encima de la mesa y Julia se lo agradeció. Álvaro hablaba perfectamente inglés, francés y alemán. Tenía un italiano avanzado, aunque algo oxidado, y nociones de japonés.

—Japón fue la puntilla, no estaba previsto. Puede que fuese la razón por la que nunca me interesé por el idioma. Íbamos a volver a España cuando le cambiaron el destino.

Lo teníamos todo preparado. Yo acabaría mis estudios de Secundaria y comenzaría la universidad en Madrid, mi madre volvería a abrir su consulta psicológica y mi padre seguiría con sus viajes como siempre desde un precioso chalet de Pozuelo, en el que nuestro perro —lo nombró como si fuese un sueño jamás cumplido— correría feliz detrás de nosotros alrededor de la piscina.

Álvaro se quedó mirando el plato como si llevase allí una eternidad. Clavó el tenedor en la ensalada de frutas y se lo llevó a la boca.

—¿Qué pasó en Japón? —preguntó Julia.

Álvaro meditó la respuesta. No pretendía amargarle la comida a una chica que le atraía demasiado, pero tampoco podía esquivar la realidad.

—Yo tenía dieciséis años. Me costaba hacer amigos y cuando por fin los conseguía volvíamos a preparar las maletas. Supongo que me rebelé. En esos cinco años perdí a mis abuelos y vi como mi familia se desmoronaba, a pesar de los esfuerzos de mis padres por mantener la normalidad. Los viajes a Madrid ya no eran tan frecuentes, así es que me concentré en mis estudios y me planté frente al ordenador, que se convirtió en mi único amigo junto con mis cascos y la música.

Julia escuchaba con extrema atención mientras comía sin decir nada. Agradecía la sinceridad y la familiaridad con las que Álvaro se expresaba. Lo veía más adulto de lo que a primera vista aparentaba. Sabía que todo aquello le estaba costando un esfuerzo importante porque, entre otras cosas, apenas había probado un bocado de su ensalada.

—¿Qué hay de ti, Julia? Creo que estoy hablando demasiado y se me va a juntar el primer plato con el segundo —mostró una tímida sonrisa.

—Bueno —contestó Julia—, yo nunca he salido de Madrid. Al menos tú aún tienes a tus padres y puedes recuperar el tiempo perdido. –A Álvaro le pareció un comentario injusto e hizo ademán de decir algo, pero ahora le tocaba escuchar–. Mi padre nos abandonó cuando yo tenía cuatro años. Ese desgraciado –aguantó la respiración por un instante– salió de casa una mañana y nunca más volvió. Mi madre, una mujer frágil de salud, mostró desde ese instante una determinación interior que nos sacó adelante en aquellos primeros años tan difíciles. Yo siempre la recuerdo sonriendo. Trabajaba a destajo después de dejarme en el colegio, limpiando casas, como camarera, o en ambos trabajos a la vez. Cuando me recogía en el colegio, me abrazaba y me besaba sin parar y me susurraba: «vámonos a casa, mi niña. El futuro te está esperando». Lo decía como si ella no tuviese derecho a su propia felicidad. –Álvaro no esperaba ese comienzo. Detrás de cada persona hay una historia, y ahora era Julia quien le devolvía la confianza desvelándole su intimidad. Notaba cómo las emociones se apoderaban de ella y continuaba hablando, sin perder la compostura ni la sonrisa en su cara, reviviendo el recuerdo de su madre–. A veces la sentía sollozar. Evitaba hacerlo frente a mí, se encerraba en su habitación a llorar en silencio. Yo me sentaba junto a su puerta y la escuchaba, abrazada a mis piernas con la cabeza hundida en el hueco entre mis rodillas. –Julia se recompuso. Estiró la espalda y miró a los ojos de Álvaro, más seria–. Hace dos años enfermó. Arrastraba graves problemas de salud que derivaron en un cáncer terminal. Ahora era yo quien cuidaba de ella, quien la abrazaba y la besaba todas las noches sabiendo que no lo haría por mucho más tiempo. Trabajaba y terminaba la carrera de «teleco» mientras mi madre se moría. Pero se fue feliz, vacía de fuerzas. Había entregado todo, hecho lo imposible por sacarme adelante y estaba orgullosa de verme tan segura de mí misma. «Tan bonita, con tu carrera y todo», me decía –Julia hablaba con la emoción vibrando en sus ojos.

Se quedaron en silencio, mirándose durante un rato, tratando de comprenderse mutuamente sin decir nada, agradeciéndose el valor que se aportaban a pesar de ser todavía unos desconocidos.

Como un aparecido, el camarero se acercó con los platos en la mano.

—¿Os pongo ya la carne?

«Tú aún tienes a tus padres y puedes recuperar el tiempo perdido». Las palabras de Julia resonaban con fuerza en la cabeza de Álvaro. Observaba su propio reflejo en la ventanilla del tren de Cercanías, camino de la facultad de Ingeniería Informática. Era como si su imagen le estuviese interpelando, mostrándole a un desconocido egocéntrico que lo tenía todo a su alcance pero que insistía en quejarse y complicarlo todo. Había convertido su vida en algo mediocre y cobarde, incapaz de dar un paso adelante o de aceptar los continuos intentos de sus padres por reconducir una relación rota por su capricho y egoísmo.

La historia de Julia le había despertado de un letargo en el que parecía sumido eternamente. Le había escuchado pacientemente contar una vida que nadie querría para sí mismo, pero por la que a la vez parecía tan agradecida.

Tendría que ceder, aprender a olvidar y perdonar. Recuperar ese equipo, esa familia que lideraba su madre, era ahora más que nunca su única responsabilidad: él era el escollo que impedía su funcionamiento. Se preguntaba si podría hacerlo, si podría vencer las barricadas que durante años había construido y que ahora tendría que derribar.

Julia tenía veinticuatro años, pese a que aparentaba menos debido a su delgada menudez. Vestía con cierta sobriedad. Hasta ese momento, Álvaro no se había percatado de la escasa calidad de su ropa pero recordó cómo la portaba, con una elegancia natural en todas las curvas de su cuerpo. Un año antes, se había licenciado como ingeniera de Telecomunicaciones con una mención especial, justo la víspera de despedirse de su madre para siempre.

Se sentía afortunada, «tan bonita, con su carrera y todo».

9. LIDERAR PARA EL BIEN COMÚN

La semana transcurría tranquila. Madrid estaba sumida en una llovizna persistente que no parecía querer abandonar sus cielos y que impregnaba el ambiente de un tono húmedo y gris en los últimos coletazos del invierno; una bendición, dada la pertinaz sequía que se había instalado en España y que duraba ya demasiados meses.

—El cambio climático es una realidad inapelable —comentó Miguel mientras observaba los riachuelos que correteaban retorcidos como venas por la ventana de la cafetería. Dentro, el ambiente era agradable, condensado por el contraste entre las gabardinas y los paraguas mojados y la alta temperatura de la calefacción. A primera hora de la mañana la cafetería estaba a rebosar.

—El desierto sube desde África y se instala a un ritmo alarmante. Los polos se derriten y los bosques arden como secarrales. Cada año se pulverizan los récords de temperatura y los anunciamos como quien bate un Guinness, como si no tuviese consecuencias. Celebramos la lluvia como si no fuésemos a verla más. No sé si estamos a tiempo, pero en algún momento habrá que dar el primer paso, ¿no?

La camarera les sirvió dos cafés muy calientes, acompañados de tostadas con tomate y aceite. El desayuno español era una tradición que Javier había conservado durante todos sus años de expatriado. Una forma de mantener una pequeña costumbre siempre viva.

—Mi trabajo me encanta —Javier no contestó a la pregunta retórica de Miguel. La dejó colgada unos segundos y retomó la conversación interrumpida la semana anterior.

Lo dijo en presente, como si estuviese demasiado cerca–. La oportunidad de conocer diferentes culturas y gentes alrededor del mundo, de resolver problemas complejos en entornos de cambio, de operar en un mundo global... me apasionaba. –Miguel escuchaba con la taza de café entre las manos–. Y creo que en términos generales también fue una experiencia increíble para Yolanda y para Álvaro.

–¿Qué te hizo crecer tanto, Javier? Tu carrera fue meteórica; el currículum que me enviaste es un espectáculo repleto de éxitos de transformación rentable.

–Los resultados me acompañaban. En todo momento aposté por un liderazgo centrado en la ejecución y en los resultados, muy al estilo de Jack Welch en General Electric. Ya sabes, «*Get better or get beaten!*».

»Todos mis encargos fuera de España fueron para reflotar filiales con problemas de ventas, de cuota de mercado, de márgenes o de personal. Ninguno fue un premio o una promoción, pero yo los veía como un reto apasionante, la forma de demostrar a mi compañía y a mi familia mi valía. Me sentía orgulloso, y ellos de mí.

–La práctica hace al maestro –puntualizó Miguel llevándose la taza a los labios para palpar el calor.

–Así es; desarrollé una metodología y una forma de actuar que apliqué en todas mis misiones. El liderazgo también requiere disciplina.

»Los destinos europeos no supusieron un gran esfuerzo de adaptación: primero Milán, luego Hamburgo y finalmente Ginebra. Culturas occidentales a las que nos acostumbramos con facilidad.

»Yolanda había decidido seguirme, cerrar su consultorio psicológico y centrarse en Álvaro, que entonces contaba con cinco años de edad y apenas nos tuvo cerca durante su infancia. Con el tiempo, si acaso, podría volver a ejercer en alguno de sus destinos.

»Japón fue otra historia —dijo—. Después de diez años en Europa, todo estaba preparado para la vuelta a casa. Habíamos apalabrado incluso la mudanza cuando en mi terminal apareció un número de la central de Detroit. La asistente personal del máximo ejecutivo de la compañía transfería la llamada directamente a su móvil. Durante un largo rato, el CEO alabó mis méritos y mis resultados en las filiales que había reflotado y me ofreció un nuevo reto: «Japón necesita un líder como tú —me dijo—. Nuestras operaciones no funcionan, las ventas muestran una tendencia preocupante y tenemos problemas de suministro con la fábrica de Osaka». Permanecí en silencio mientras escuchaba. Algo me decía que no era el momento de aceptar, pero no pude, no supe o simplemente no quise decir que no.

Miguel lo seguía con interés. Veía a dónde quería llegar pero le dejó continuar sin interrumpir su historia.

—Cuando se lo conté a Yolanda enfureció, amenazó con volverse sin mí y durante tres días apenas me dirigió la palabra. Álvaro tampoco lo encajó bien. Desde niño mostró una madurez impropia de su edad, pero la adolescencia es muy complicada cuando no tienes referencias en las que anclarte. Tuve que desplegar toda mi habilidad y dotes de persuasión para conseguir convencerlos —hizo un gesto extraño con la boca, emitiendo un leve gruñido—. Pero ya nada fue igual.

—El mundo de la empresa es complicado —comentó Miguel—; hagas lo que hagas siempre implica sacrificio: si quieres conseguir algo tienes que abandonar algo. La conciliación entre la familia y el trabajo no es sencilla a pesar de los avances actuales. No se trata de elegir; a veces. las circunstancias te obligan. Mírame; continúo solo, centrado en mi trabajo. Echo de menos mi privacidad ahora que soy popular y todos quieren verme, y por encima de todo me siento solo. ¿No es irónico? No me atrevo a empezar una nueva relación, me aterra pensar que pueda acabar igual que la anterior. Pero hay que seguir adelante. Por fortuna, tú tienes la oportunidad de rehacer el camino.

—Vivíamos en Tokio —Javier retomó la historia dejando en el aire una vez más la acertada reflexión de Miguel—. Allí se encontraba la sede de la filial multinacional. Mi misión era desmantelar una fábrica que habíamos comprado en Osaka: evaluar a los equipos, las maquinarias y los procesos de fabricación e integrarlos en nuestra propia fábrica de Tokio. Nunca había hecho nada similar y me encontré con el caos. Nadie quería moverse, abandonar el arropo de la zona de confort que supuestamente los protegía. Se perderían cientos de puestos de trabajo. Gobernar un barco a la deriva en medio de una tormenta requiere de una pericia y una dedicación que absorben toda tu energía.

»La cultura japonesa es asfixiante, como la propia isla. Nos enfrentamos a varios intentos de suicidio y yo vivía amenazado; llevaba una agenda oculta, a la que exclusivamente tres personas teníamos acceso, con los días y los horarios en los que se producían mis desplazamientos entre ambas ciudades. Cambiaba la ruta o el medio de transporte con frecuencia y llevaba vigilancia las veinticuatro horas del día. Fue una locura.

»Procuré mantener a Yolanda y a Álvaro al margen, y ese instinto de protección me alejó aún más de ellos. En esos cuatro interminables años perdí a mis padres a once mil kilómetros de distancia y únicamente entonces, ante su lápida, decidí que ahí se acababa todo, que comenzaría una negociación para volver a casa y recuperar a mi familia.

—Aun así —replicó Miguel— has sido afortunado; has podido disfrutar de todo lo que has logrado y hacer lo que has querido. Tu carrera es el patrón que muchos jóvenes de hoy quisieran para sí mismos: un trabajador excepcional, formado para tomar decisiones importantes, para hacer equipo y desarrollar estrategias rentables de crecimiento. En la vida, las vicisitudes son inevitables. A todos nos ocurren cosas y vivimos momentos y etapas que tenemos que manejar, por poco que nos gusten. Nadie dijo que sería fácil, y tú lo has hecho muy bien, Javier. —Trató de cambiar el rumbo de la conversación. Javier permanecía pensativo y quiso llevarlo a un terreno neutral, donde sabía que se encontraría a gusto—. ¿Qué hiciste para organizar el trabajo con tanta incertidumbre? Cuando todo va bien parece sencillo, pero no siempre es así, ¿verdad?

—Cierto. La primera prioridad siempre es reconstruir el equipo. No puedes hacerlo sin ayuda; tienes que ganarte la confianza de la gente clave, de aquellos que te van a acompañar en el proceso de transformación. Tener a los mánagers adecuados en el lugar adecuado es esencial para el éxito. En el camino encuentras muchas resistencias, escasez de recursos. El impacto psicológico en los empleados es muy grande: ambigüedad, incertidumbre, desconfianza... El equipo de gestión es la pieza más importante y debe estar completamente comprometido con el proyecto.

»SI LAS PERSONAS ENCARGADAS DE IMPLANTAR LOS CAMBIOS NO ESTÁN ALINEADAS CON LA ESTRATEGIA Y LOS NUEVOS PROCESOS, NO FUNCIONARÁ. NUNCA.

»Desde ese momento, tu misión es liderar, no gestionar: es actuar como un líder, no como un mánager. Estar muy seguro de ti mismo porque no tendrás tiempo para flaquear. La gente tiene dudas; necesitan confiar y creer en su jefe y en su autoridad, en sus decisiones.

—Es decir, reconocer la realidad, actuar rápido, tomar el control. Contratar gente brillante; si es posible más que tú mismo —añadió Miguel—. Y liderar, porque tu reputación también está en juego.

–Exacto –Javier ya estaba en su salsa–, y la mejor forma de protegerla es a través de los resultados: el secreto mágico para devolver la confianza al equipo. El foco absoluto en los resultados es el segundo ingrediente de mi receta.

»El anuncio del cierre de la fábrica causó una verdadera conmoción. Produjo un shock, un aturdimiento inicial que dio paso a estados de ira, frustración e impotencia. Se creó una atmósfera terriblemente negativa y los empleados se rindieron –volvió a sus primeros recuerdos en Osaka–. El sufrimiento se transmitía como una enfermedad contagiosa, la inseguridad se instaló en cada rincón y los procesos de la empresa se ralentizaron hasta niveles insospechados.

–¿Y eso cómo se maneja? –Miguel no disimulaba su fascinación. Había cerrado tres empresas que él mismo creó, pero eran equipos pequeños que conocían en todo momento la evolución del negocio. Sin duda pasaron por las etapas que enumeraba Javier, pero a una escala y con un impacto emocional muy diferentes.

–Buscaba resultados rápidos, *quick wins*, ganancias a corto plazo que provocasen reacciones positivas en la moral de la gente. El *momentum* alimenta la motivación, las pequeñas victorias generan entusiasmo; cuanto antes veas el final, mejor.

»Después, en algún momento la organización empieza a curarse y las personas hacen frente al nuevo escenario, sopesando su impacto de forma más objetiva. Nos llevó mucho tiempo. Las amenazas eran constantes pero finalmente se vencieron las principales resistencias y comenzamos a ver la luz. A partir de ahí –continuó–, tener una agenda clara, con prioridades y tiempos de ejecución concretos, se vuelve crítico. Hay que revisar la agenda diariamente, y si es necesario, rehacerla. El seguimiento tiene que ser constante, incansable, y al principio en todo.

»Y, como colofón −concluyó−, comunicar en todo momento de forma sencilla, continua y consistente. Incluso cuando no haya nada que decir o la información parezca irrelevante hay que comunicar, dar *feedback*. Si no es así, los trabajadores llenarán el vacío y los rumores poblarán los pasillos.

»TUS EMPLEADOS TIENEN QUE VER QUE ESTÁS AHÍ PARA AYUDARLES A TENER ÉXITO, QUE ERES UNO DE ELLOS, QUE TU LIDERAZGO SE BASA EN EL EJEMPLO, QUE BUSCAS RESULTADOS POSITIVOS PARA EL CONJUNTO, NO GANANCIAS POLÍTICAS O DE PROMOCIÓN PERSONAL.

»Cuando sientes que has llegado, te apartas y das espacio al equipo para llevar a cabo la misión y revisar los procesos que te conviertan en una compañía ágil, menos burocrática y completamente enfocada en una ejecución de excelencia.

−¿Y ahora? −preguntó Miguel con curiosidad−; quizás podamos trabajar juntos.

Javier agradeció su oferta.

−Muy tentador −dijo halagado−, pero ahora tengo por delante el mayor reto de mi vida: recuperar a mi hijo. La formación de TEKNOFAN® está despertando algo en él. Le noto nervioso y emocionado a la vez. La semana pasada, al llegar a casa encontré a Yolanda y a Álvaro riendo en el salón. No notaron mi presencia y no quise interrumpir ese momento tan íntimo. Yolanda me contó después que hablaban del programa CHAMP y de una chica que Álvaro había conocido allí, Julia. Puede ser un comienzo.

Miguel sonrió. Conocía perfectamente de qué estaba hablando.

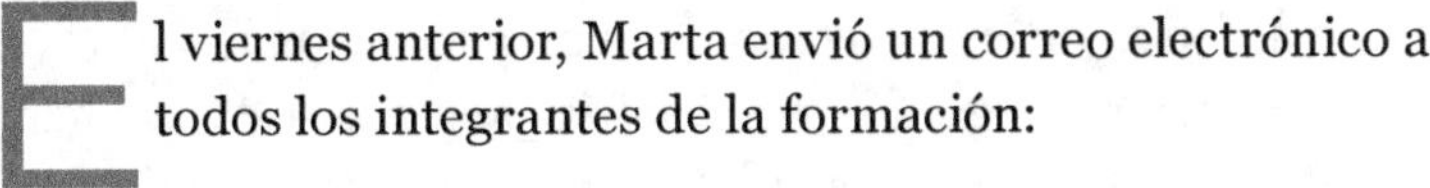

10. REUNIONES EFICACES

El viernes anterior, Marta envió un correo electrónico a todos los integrantes de la formación:

From: Marta Ramos
To: CHAMP members
Subject: Trabajo en equipo, reuniones eficaces

Buenos días a todos,

La semana que viene abordaremos la importancia de las reuniones en el trabajo en una sesión de una hora de duración. Os pido que os pongáis de acuerdo para trabajar juntos como equipo cómo se debe organizar una reunión de forma eficiente: cuáles son los roles principales y cómo se desempeñan.

Álvaro, a ti te pido que observes el funcionamiento del grupo y tomes notas de las fases por las que atraviesa.

Utilizaremos vuestro trabajo como base. Os deseo un buen día y nos vemos el próximo jueves a las 10:30 h.

Marta Ramos

Gonzalo se encargó de coordinar y reservar la sala Mallorca. Acordaron juntarse el lunes y el martes por la mañana, de nueve a diez y media, y decidieron mantener reservada la sala un día más, por si necesitaban contar con más tiempo.

Dado el rigor exhibido por Marta hasta ese momento en la gestión de las dos primeras sesiones, sin duda se trataba de un tema de capital importancia para ella.

El comienzo de la tercera sesión de formación del programa CHAMP tampoco se demoró ni un minuto. Notaron que Marta esta vez no se situó junto al proyector, sino que se sentó al fondo de la sala como una participante más.

—¿Y bien? —preguntó—. ¿Qué habéis preparado esta semana?

Manuel tomó la palabra. De una u otra forma, el resto esperaba que tanto él como Gonzalo fuesen quienes liderasen la jornada. No en vano eran los veteranos del grupo.

—Nos hemos reunido dos días y hemos elaborado una guía de responsabilidades para gestionar reuniones de forma eficaz. La resumimos en un cuadro que servirá de orientación para todos los empleados de TEKNOFAN®, encaminado a la mejora continua de la eficiencia de las reuniones —procuraba no cruzar su mirada con Paola. Si lo hacía, le temblarían las piernas y perdería la compostura. A esas alturas, ella conocía perfectamente lo que ocurría; de hecho, había corrido *sotto voce* por la oficina como la pólvora. Le miraba divertida, esperando una reacción que no se produjo.

—Muy interesante —asintió Marta—; estoy deseando verlo. Pero antes me gustaría analizar el proceso seguido hasta llegar a vuestra conclusión final. ¿Álvaro? Tu misión era la de observar, ¿no es cierto? ¿Algunas consideraciones previas?

Álvaro tenía una posición difícil. Debía destacar lo que se hizo y no se hizo correctamente, y eso supondría poner en evidencia a alguno de sus compañeros. Decidió centrarse en las ideas y no en las personas.

—Empezamos mal —dijo—. Uno de nosotros se retrasó. Estaba cerrando una gestión telefónica y nos pidió esperar cinco minutos. En ese corto espacio de tiempo, otros aprovecharon para cubrir temas pendientes y cuando quisimos empezar se nos habían ido quince minutos.

»Además, no se asignaron roles predefinidos y llevó un tiempo organizar el flujo del equipo. Gonzalo y Manuel asumieron el rol de líderes del equipo, pero parecía que tampoco se ponían de acuerdo entre ellos.

—¡Hace falta un macho alpha como Manu! —espetó Paola con su cantarina voz haciendo un gesto de hombre forzudo con los puños apretados, lo que despertó una sonora carcajada. A Manuel se le encogieron los músculos y la camisa dejó de apretarle.

Marta hizo un ademán para que guardaran silencio. Escuchaba con atención.

—Se adoptó un formato de reunión de *brainstorming* o tormenta de ideas para generar alternativas en un breve espacio de tiempo. Sin embargo, cada una de ellas se discutía desde el momento en que se proponía en lugar de aceptarse como lo que era, una idea. La ley de la reciprocidad se encargó de cuestionar todo lo que se decía.

—Creo que al principio todos estábamos muy callados —intervino Julia—. Nos mirábamos unos a otros, tratando de medir nuestras fuerzas con cierto recelo, sin saber muy bien cómo funcionar como equipo.

—Luego —retomó Álvaro— se entabló una pelea de gallos, un pulso por explorar quién ejercía más influencia en el grupo. Daba la sensación de que la reunión se acabaría antes de lo previsto por la tensión que se estaba generando. Por fortuna no fue así. Después de un largo rato, establecieron entre todos unas reglas de juego para poder funcionar. El clima del equipo cambió y se empezaron a reconocer las aportaciones y diferencias individuales.

—Cuando quisimos darnos cuenta, ya eran más de las diez. Apenas nos quedaban veinte minutos y aún no habíamos empezado —dijo Manuel—. Pensamos en ampliar el tiempo de la reunión pero finalmente decidimos acabar como estaba previsto y continuar al día siguiente evitando los errores cometidos esa mañana. Aún podríamos disponer del miércoles.

–Fue un acierto –continuó Álvaro–. De hecho, esos últimos veinte minutos comenzaron a ser muy productivos. Se les veía trabajar distendidos, a gusto. Las aportaciones añadían valor y la meta parecía clara. Se dibujaba a dónde se quería llegar.

»Al día siguiente, la reunión empezó y acabó puntualmente. Se le asignó a Paola controlar el tiempo, Carlota apuntaba en la pizarra electrónica y Manuel transcribía al formato final en su ordenador. Mientras, Gonzalo se ocupaba de que todo el mundo participase y ninguno de ellos acaparase más atención de la necesaria.

»La productividad se multiplicó desde el primer minuto; funcionaron como una orquesta y a las diez y veinte se hizo un resumen con el que todos estuvieron de acuerdo. El trabajo estaba terminado.

Julia miraba a Álvaro con una sonrisa radiante. Había hecho un resumen con la precisión de un cirujano. De forma sencilla explicó sin perder detalle el proceso por el que habían atravesado. Ambos habían discutido el funcionamiento del grupo durante la comida del lunes. Y los resultados en la del martes. Se sentían a gusto el uno junto al otro. A pesar de las grandes diferencias de sus vidas, algo les mantenía muy unidos, una sensación de confianza mutua que les invitaba a verse. Ahora le miraba más seria. «Podría enamorarme de un hombre así», pensó. Y volvió a sonreír.

Marta se levantó de su asiento y felicitó a Álvaro y al resto del grupo.

–Hay quien dice que las reuniones son tóxicas, pero constituyen una de las actividades más importantes y necesarias para la vida de la empresa. No conviene luchar contra ellas; se trata de utilizar el tiempo asignado con tanta eficacia como sea posible.

»LA SATISFACCIÓN CON UNA REUNIÓN ES DIRECTAMENTE PROPORCIONAL A LA CALIDAD DEL RESULTADO OBTENIDO COMO CONSECUENCIA DE LA MISMA.

»Y esa calidad resulta de reuniones bien planificadas, agendadas y conducidas. No es mera casualidad.

»Álvaro ha definido a la perfección las cuatro etapas por las que atraviesa todo grupo:

FASES POR LAS QUE ATRAVIESA UN GRUPO DE TRABAJO

1. Formación. Donde se exploran los límites del comportamiento y se clarifican ciertos roles y objetivos del grupo.

2. Tormenta. En la que se producen luchas de poder, niveles de influencia y conflicto. Los miembros se ven obligados a buscar soluciones para funcionar y trabajar de forma eficiente.

3. Normalización. Superada la tormenta, los miembros comienzan a respetarse y se establece un esfuerzo de equipo enfocado a los resultados y la toma de decisiones consensuada.

4. Rendimiento. El equipo trabaja como una unidad productiva y valora las aportaciones de cada miembro desde las fortalezas y debilidades individuales y de grupo.

—Nos dimos cuenta también —interrumpió Gonzalo— de que a pesar de haber nombrado un líder, en el fondo cada uno de nosotros era responsable del rol que nos habíamos asignado. El éxito dependía de todos, y por la misma regla el fracaso sería responsabilidad de todos.

—Respecto a la organización, dejadme que añada algunas ideas y nos quedamos con vuestra propuesta para la gestión de reuniones eficaces. —Marta preveía que la sesión del día acabaría antes de lo previsto—. En primer lugar, empezad siempre en tiempo una reunión. Recordad nuestra primera regla: no se puede premiar a quienes llegan tarde, y mucho menos contarles los detalles si la reunión está ya avanzada.

—¿Y si es tu jefe? —preguntó Carlota con intención.

—Si es tu jefe, lo haces una vez y con educación, te sientas con él y le explicas la situación. Otra opción es enfatizar la exactitud de la hora de comienzo en la agenda. —Marta dejaba claro que en TEKNOFAN® ese privilegio no era exclusividad de ningún miembro de la organización—. En segundo lugar, ceñíos a la agenda. Es habitual abrir temas colaterales a los asignados: si no están en la agenda es porque no son relevantes para la reunión. En caso contrario, la agenda estaría mal elaborada. Pero si son importantes, apuntadlos y tratadlos en otro momento o en otra reunión. Tercero, de la misma forma que empieza puntual, una reunión acaba a su hora prevista. Con dos excepciones: o la agenda se ha cumplido antes del tiempo previsto o se ha negociado prolongar el tiempo por parte de todos los miembros del grupo. Por último, controlad las interrupciones excepto en caso de emergencia y limitad el número de asistentes, tal y como comentamos la semana pasada. Especialmente cuando se trate de una reunión de toma de decisiones; el número de participantes debe limitarse a lo estrictamente necesario.

Gonzalo tomó la palabra y proyectó el cuadro consensuado por el equipo. Marta lo escudriñó con interés durante unos segundos, pero se concentró en la explicación.

–Una vez que nos pusimos de acuerdo en el objetivo, es decir, lo que queríamos entregar, y decidimos cómo lo estructuraríamos, la forma, entramos en los treinta minutos más productivos de los dos días.

»Nos dividimos por parejas en tres peceras –prosiguió– para identificar por separado las responsabilidades y obligaciones del organizador de la reunión y de los asistentes a la misma. Cada pareja se encargó de una fase: antes, durante y después de la reunión.

»Transcurridos veinte minutos, nos juntamos y pusimos en común nuestras conclusiones. El resultado final es el que ves en pantalla.

Marta, ahora sí, leía con atención cada apartado del cuadro resumen. Cuando terminó dijo:

–Es perfecto, ¡enhorabuena! Habéis trabajado como un verdadero equipo eficiente. Hemos acabado por hoy.

Salió de la sala. El cuadro permaneció en la pantalla.

RESPONSABILIDADES Y OBLIGACIONES EN LA GESTIÓN DE REUNIONES EFICACES

1. PREPARACIÓN PREVIA

DE QUIEN ORGANIZA

- Asegúrate de la necesidad de reunirse

- Aclara los objetivos y qué se espera: fija expectativas

- Decide los asistentes que aportan valor

- Prepara la agenda: define la duración, las pausas y los temas a tratar por orden de importancia y prioridad

- Emite la agenda con tiempo suficiente para permitir a los asistentes prepararse

DE QUIEN PARTICIPA

- Hace el trabajo asignado en la agenda: recoge información y organiza hechos relevantes

- Acuerda con su equipo o su mánager puntos y resultados esperados

- Interpreta cuál es la importancia de cada uno en la toma de decisiones

- Avisa con antelación si alguien no puede acudir a la reunión o tiene sugerencias para la agenda

2. DURANTE LA REUNIÓN

DE QUIEN ORGANIZA

- Repasa minutas de reuniones anteriores

- Expone los objetivos y los resultados esperados

- Facilita la reunión: centra la discusión en los objetivos del día, administra el tiempo y refuerza ideas clave

- Aclara las responsabilidades

- Contrasta los resultados con las expectativas de la reunión ¿conseguido?

- Solicita *feedback* del proceso. Busca puntos de mejora de la calidad de la reunión

DE QUIEN PARTICIPA

- Es puntual y evita los ladrones de tiempo durante toda la reunión

- Participa y contribuye. Las decisiones también son suyas

- Explica los resultados que se desean o esperan

- Escucha activamente los puntos de vista de los demás sin interrumpir

- Critica ideas, no personas

- Busca consenso, no mayorías

- Si debe consultar antes de tomar una decisión, lo dice con claridad

3. DESPUÉS DE LA REUNIÓN

DE QUIEN ORGANIZA

- Publica las minutas antes de 48 horas

- Comunica las decisiones clave al personal implicado

- Hace seguimiento de acciones, ejecución y resultados

DE QUIEN PARTICIPA

- Comunica verbalmente a terceros implicados

- Confirma las decisiones

- Hace seguimiento de acciones, ejecución y resultados

11. PASAR DE UN PUNTO A OTRO

A lo largo de la semana, Álvaro se vio repetidamente con Julia. Aprovecharon las reuniones del lunes y del martes para comer juntos y quedaron algún día más. Descuidaba los estudios pero pensó que ya habría tiempo de apretar los codos más adelante según se acercasen los exámenes. Ahora la compañía de Julia representaba una espita por la que escapaba la presión. Su sentido del humor desataba su risa y sus consejos le daban material suficiente para no dejar de pensar en el proceso personal que estaba atravesando. No se veía con derecho a protestar después del rosario de penurias y sufrimientos que ella había atravesado.

La tarde del martes, todos los miembros del grupo quedaron para tomar unas cervezas a la salida de la oficina. Se mostraban satisfechos con el resultado del trabajo y pensaron en celebrarlo como equipo.

Álvaro decidió acercarse a la universidad y saltarse las dos últimas clases para volver a tiempo de compartir un rato con sus compañeros. Se había integrado muy bien, a pesar de ser el benjamín del equipo, y sentía la imperiosa necesidad de hacer nuevos amigos.

El lugar elegido, un *pub* inglés llamado «The pig in Paradise», rebosaba de gente. Parecía una iglesia anglicana, con vidrieras de colores por las que entraba la luz a borbotones. Estaba repleto de jóvenes extranjeros, algunos de ellos con corbata, que sujetaban su pinta templada y rebosante mientras escuchaban la actuación en directo de un grupo británico y agitaban la cabeza al compás de la música. Parecían ellos los extraños; la única diferencia con Londres era que en España no dejan de servir cervezas a ninguna hora concreta.

Álvaro no tenía costumbre de beber, ni de socializar con amigos. Apuró varias pintas, que entraban en su cuerpo con suavidad al ritmo de la música y de las conversaciones en medio del griterío. Se sentía amodorrado y aturdido por el efecto del alcohol y el ruido. Le gustaban sus nuevos compañeros fuera del entorno de trabajo. Manuel y Paola se hablaban muy cerca, al oído, y reían sin parar. Manu parecía más seguro de sí mismo en este entorno que en la oficina. Ella era una belleza italiana de ojos rasgados y media melena castaña que le tenía encandilado. Era tan patente, que a veces resultaba ridículo ver su cara de felicidad cuando ella hablaba. Le daban codazos cuando le notaban embobado y babeante. Gonzalo era más serio; parecía más responsable y distante que el resto del grupo. No parecía estar acostumbrado a los ambientes de copas. Mientras, a Carlota no parecía importarle otra cosa que bailar. Todos eran mayores que Álvaro pero se encontraba cómodo entre ellos. Miró a Julia con los ojos vidriosos y sonrió levantando su pinta a medio consumir.

Ella le observaba divertida. Le veía contento, pero no feliz, refugiado en la somnolencia que provoca el alcohol. Sabía que peleaba con la imagen de su espejo. Adoraba a sus padres, los admiraba; sus verdaderos sentimientos se translucían con nitidez en cada conversación, pero su orgullo le impedía dar el paso que requería la reconciliación.

—Tienes que librar tus propias batallas, Álvaro. Solo tú puedes vencer a tus demonios —le había dicho unos minutos antes—, atravesar el desierto. Debes encontrar el lado bueno de las cosas y pelear, sacar a flote la ilusión, las ganas de seguir. Cuanto antes te des cuenta, antes comenzará tu nueva vida.

Cuando le vio tambalearse un par de veces, le quitó el vaso de la mano y lo empujó hacia afuera.

—Ya es suficiente. Vamos, te acompaño a coger un taxi.

Se despidieron de sus compañeros, excepto de Paola y Manuel, que alejados del resto se besaban en un rincón apartado del *pub*, y salieron a la calle. El aire frío cayó a plomo sobre ellos, como una bendición.

—¿Te encuentras bien? —preguntó Julia.

—Sí; solo necesito un poco de aire fresco y descansar un rato —dijo con la voz trabada, como si acabase de salir del dentista—. Sentémonos.

Julia permaneció a su lado quince o veinte minutos mientras se despejaba y luego pidió un coche. Álvaro dio la dirección de su casa al taxista y se despidió de Julia. Introdujo la cabeza por la ventanilla y se acercó a Álvaro.

—Recuerda, no hay forma de pasar de un punto a otro sin recorrer la distancia que los separa. No puedes escabullirte.

12. NUNCA ES TARDE

Recostado en el taxi, durante todo el camino había practicado mentalmente decenas de formas de comenzar una conversación con su padre, en un trayecto que duró veinte interminables minutos. «Hola papá, ¿podemos hablar?». ¡No! «Papá, os quiero, y esto no puede seguir así». ¡Tampoco! «Papá, Tenemos que hablar». Más solemne... Cuando llegó a casa no tenía una decisión tomada. Estaba enfadado consigo mismo, incapaz de hacer algo aparentemente tan sencillo. Su irritación había ido creciendo a lo largo del trayecto y se encaró con el taxista, que miraba de reojo por el retrovisor mientras lloraba. «¿Qué miras?». Volvió la cabeza hacia la ventanilla y cerró los ojos.

—¿Qué pasó, papá? ¿Por qué nos abandonaste? —Yolanda entraba en la cocina justo en el momento en el que Álvaro escupía la pregunta. Quiso decir algo, pero Javier se lo impidió con un gesto de la mano. Álvaro no se había quitado la chaqueta y el calor de la casa le encendía las mejillas. Él mismo se sorprendió de su propia pregunta, de cómo daba rienda suelta a sus emociones largamente contenidas.

—¿A qué te refieres, hijo? —contestó Javier ocultando su nerviosismo, provocado por la certidumbre de que ese momento llegaría.

—¡No me vengas con esas, papá! ¡Sabes perfectamente de lo que te estoy hablando! ¡Nos llevaste a Japón, a mamá y a mí, y nos dejaste allí tirados!

Gritaba iracundo. Gritaba y sollozaba a la vez sin control. Pero se sentía bien, con fuerzas para afrontar una conversación que le quemaba las entrañas. Había decidido recorrer el camino por la vía más directa; no se hubiese atrevido sin el valor extra que le otorgaban las cervezas consumidas durante gran parte de la tarde.

—¡Hasta entonces habíamos sido una familia unida! ¡Os tenía a vosotros; siempre estabais ahí cuando os necesité! ¿Por qué, papá? Sin hermanos, sin amigos... sin padres —había bajado el tono de su voz. Ahora se dirigía también a Yolanda, que recibió las últimas palabras como una estocada en el corazón.

Álvaro se sentó encorvado sobre sí mismo, con los antebrazos apoyados en las rodillas, y continuó hablando, con la vista perdida en las baldosas del suelo, tal vez para que no se le notara el temblor de las piernas o la resaca que amenazaba con hacerle estallar la cabeza. Nunca se había dirigido así a sus padres.

—Era un niño. Solo tenía dieciséis años y me vi solo, en un país desconocido, lleno de gente extraña que nada tenía que ver con nosotros. El colegio era como una isla de náufragos que, como yo, ni sabían ni querían saber qué estaban haciendo allí. Mamá no dejaba de llorar —ahora era Javier quien se giró sorprendido hacia Yolanda, que no dijo nada. Ella nunca le mostró tal debilidad, «o no quise verla» pensó—. Lloraba desesperanzada y yo no intentaba consolarla. Dejaba que lo hiciera mientras le reprochaba que no tuviese agallas para dejarlo todo, para salir corriendo. Volver a casa y dejarte allí, con tu maldito trabajo.

Javier no decía nada. Escuchaba con atención el repentino ataque de Álvaro. Su mirada se escudaba en los rincones de la amplia cocina en la que se encontraban como tres extraños mientras su línea de flotación se hundía sin remisión en el fango de los recuerdos. Por los ventanales entraba la última luz del atardecer, rojiza, amenazando con la oscuridad. Sabía que Álvaro tenía razón. No hizo nada.

–¿Qué pasó, papá? –Esta vez, el rencor había dado paso a una pregunta sincera, oculta, sin respuesta durante años en el trastero de la ignorancia.

–Tuve miedo –respondió Javier haciendo acopio de fuerzas. Se había enfrentado cientos de veces con éxito a situaciones inimaginables, pero esta vez se lo jugaba todo a una carta–. Igual que lo siento ahora, hijo.

Es posible que esa fuese la última respuesta que esperase Álvaro. ¿Miedo su padre? ¿El hombre que presumía de salvar empresas de la ruina? ¿El líder que motivaba a miles de personas para afrontar sus nuevas realidades? ¿Él?

El personaje que tenía delante ya no era el que conocía: determinado, asertivo, seguro de sí mismo. Ante él ya no aparecía con esa imagen que tanto admiraba y le asustaba a la vez, haciéndole sentir pequeño e ignorante. Ya no era el hombre capaz de reprimir la impulsividad de su corazón, de resolver conflictos de toda índole, de obrar bien en todo momento, observador, reflexivo, planificador y decisor. Ahora veía a un desconocido, a su padre, frágil como un pájaro acorralado, reconociendo su error ante la disyuntiva de viajar a Japón, por una vez sin recabar el consejo de su familia.

–Cuando me llamó el presidente de la compañía, no tuve el valor de negarme –mantenía la mirada clavada en Yolanda–. Sabía que hacerlo significaría volver con las manos vacías. Tuve miedo de no poder ofreceros la misma vida en España. Hay cosas que no se perdonan en las grandes empresas. –Miró a su hijo que continuaba perplejo, esperando paciente–. Hicimos las maletas y nos fuimos una vez más. Prometí a tu madre que sería el último destino, como así fue, Álvaro. Japón significó un trabajo exigente en exceso; nunca imaginé que pagaría un precio tan alto. No pude despedirme de mis padres como se merecían y notaba que estaba a punto de perderos también a vosotros. El miedo se apoderó de mí, me asusté.

Ahora Álvaro miraba a Yolanda, que se había acercado a su marido. Le agarraba el hombro con fuerza, como una rapaz sujeta a su presa, transmitiéndole su apoyo. De repente lo vio todo claro; en un instante acababa de comprender el papel que su madre había jugado en todo esto. Ella sí lo sabía, percibió el miedo de su padre desde el primer momento. Durante cuatro interminables años fue el pilar que sustentó a la familia, el eslabón que restablecía el equilibrio entre su rabia y el sufrimiento de su padre. Había ejercido de psicóloga en su propia casa durante todo ese tiempo.

El padre de Julia volvió a su pensamiento. Cerró de un portazo la puerta de la calle, la madre atónita tras su llanto enloquecido, encogida, con Julia abrazada a su pierna. Salió sin maleta, dejó todo en casa pero nunca volvió, le contó una vez Julia, ni siquiera a recoger sus cosas. Sin embargo, no le guardaba rencor, no lo odiaba. «Atraes lo que piensas —decía—; todo lo que llega a tu vida es porque lo has atraído a través del pensamiento, de las imágenes creadas en tu mente. Piensa en lo que te hace sentir bien y atraerás cosas buenas a tu vida: es la ley de la atracción universal». Hubiese deseado volver a encontrarse con él para preguntarle por qué, para entender las razones de su cobarde huida. Pero nada más. «Tenemos lo que buscamos y debemos ser agradecidos por ello».

Álvaro palpó su propio egoísmo, sus padres frente a él encajando todos sus reproches. Se preguntaba qué habría hecho Julia en su posición, qué habrían hecho Marta o Miguel. Lo tenía todo, incluido el amor de sus progenitores. Tal vez su pensamiento le había llevado hasta el borde del precipicio, y solo tal vez quedase una oportunidad para dar un paso atrás antes de precipitarse en el abismo. El eco de las palabras de Julia resonó de nuevo en su cabeza: «Tú aún tienes a tus padres y puedes recuperar el tiempo perdido».

Sintió un escalofrío, se incorporó y se acercó al rincón donde Javier y Yolanda parecían atrincherarse. Permaneció unos segundos de pie frente a ellos, tratando de controlar sus emociones. Los abrazó a la vez.

–Todavía podemos recuperar el tiempo perdido –dijo llorando.

13. GESTIONAR EL TIEMPO Y LA ENERGÍA

A la hora prevista, como en las tres anteriores, comenzaba la cuarta y última sesión del programa. Esta vez Marta decidió que el formato de la reunión fuese una mesa redonda y con este propósito dispuso la sala. Apostó por una tertulia, un intercambio de ideas más que una presentación formal, y así se lo explicó a los seis componentes del equipo mientras se acomodaban en sus asientos.

Marta dedicaba importantes esfuerzos a fomentar un entorno de trabajo que favoreciese las relaciones personales, y por qué no, de amistad entre los trabajadores. No todo el mundo compartía plenamente su opinión, pero ella defendía que las relaciones de amistad generaban confianza y facilitaban el espíritu colaborativo en caso de necesidad. Y como la toma de decisiones resultaba más acertada y productiva, ver la evolución del grupo en las cuatro últimas semanas le hacía sentir orgullosa y reafirmaba su teoría.

Comenzó con una frase de Benjamin Franklin:

»EL TIEMPO ES ORO[2].

—Si esto es literalmente cierto —dijo—, y el tiempo es la variable más importante de nuestra vida, entonces no podemos perderlo, ni el nuestro ni el de los demás.

---

2   *«Time is money».*

»EL TIEMPO ES UN RECURSO LIMITADO E IRRECUPERABLE, POR ESO ES TAN VALIOSO.

Álvaro recordó las últimas palabras de su madre la noche del jueves anterior: «No se puede volver atrás –dijo–. Sin embargo, siempre hay tiempo para rectificar en el presente los errores del pasado». Superado el primer lance, con la indignación disipándose en el helado ambiente de la cocina charlaron hasta la madrugada. Reconocieron las dificultades emocionales por las que atravesaban y decidieron hacer todo lo que estuviese en sus manos para revertir la situación. Álvaro era ya un adulto, gestionaba sus emociones como tal y reconoció que llegaba el momento de pasar página y volver a empezar. Sin duda necesitarían un tiempo para recomponer un estado roto, pero la voluntad de sus padres era inequívoca. También la suya. No sería él quien pusiese más trabas a algo que deseaba con todo su corazón.

Javier se sentía demasiado joven para dejar de trabajar, pero sus prioridades habían cambiado. Aceptaría proyectos temporales y selectivos en los que su experiencia fuese valiosa, no posiciones permanentes, y manejaría su tiempo con criterio para encontrar un equilibrio entre las necesidades de su familia y las de su trabajo. Yolanda y él llevaban tiempo planificando cómo orientar su vida en España y entre sus planes Álvaro figuraba como la primera prioridad. No quedarían muchos años hasta que decidiese vivir su propia vida y por encima de todo deseaban recuperar la normalidad antes de que eso ocurriese.

En los primeros años de su matrimonio, ambos se centraron en el trabajo y mantuvieron el ámbito familiar bajo mínimos. La llegada de Álvaro al mundo cambió el panorama. Durante cinco años hicieron acrobacias para acomodarse a la nueva coyuntura familiar y mantener a la vez el nivel de exigencia profesional, pero todo ello generaba tensiones importantes sobre quién debía adoptar un papel protagonista en cada esfera. No fue hasta la llegada de una posición europea para Javier que acordaron repartirse los roles. Yolanda lo abandonó todo y se acomodó a las exigencias de la dedicación laboral de Javier. Los roles de cada uno se polarizaron más de lo esperable, si bien es cierto que fue de mutuo acuerdo. Javier desapareció del panorama familiar y Yolanda abandonó su carrera profesional.

–Quizás sea cíclico –pensó Álvaro–. Al final, mi padre tuvo que dejar su trabajo. La empresa le obligó a decidir, la presión no le dio opción.

Ahora las tornas habían cambiado y Yolanda comenzaba de nuevo tras quince años de parón profesional. Había urdido un plan durante meses, que mantuvo en secreto hasta que encontró el momento adecuado para revelarlo. Desde hacía unos días, Álvaro programaba y diseñaba para ella un consultorio psicológico *online* que pretendía dirigir desde el despacho de su casa. Quería ayudar a familias de todo el mundo a adaptarse a nuevos trabajos y culturas, compartir su experiencia y poner todo lo que había aprendido a su disposición. Utilizaría los contactos internacionales de Javier para captar sus primeros clientes y los conocimientos de informática y programación de Álvaro para construir y hacer evolucionar la página web.

–La verdad –rompió el hielo Carlota– es que vivimos con la sensación de que no tenemos tiempo para nada. Nos relacionamos a través de mensajería instantánea, *WhatsApp, Messenger, Twitter,* con ambiguos anuncios cortos y cadenas de información que nadie contrasta. Se da validez a noticias falsas, amparadas en el anonimato de las redes sociales, y lo poco que nos queda lo utilizamos para colgar el mejor *selfie* después de una trepidante sesión fotográfica para elegir esa en la que pareces más «súper» de cara a la galería. –Este último comentario causó una sonora risotada.

—Completamente de acuerdo —convino Manuel—. Aunque no podemos obviar que es consecuencia de la era tecnológica en la que vivimos, la era de la llamada cuarta revolución industrial, la era de la información y la velocidad. Casi el 50% de la población mundial está conectada a Internet. Todo se desarrolla a un ritmo que no nos deja respirar, pero ya podemos ir acostumbrándonos. Las oportunidades que surjan en un futuro abrirán caminos inexplorados, que aún no nos imaginamos...

—También es cierto que —intervino Marta— gracias al avance de la sociedad digital e Internet somos capaces de trabajar de formas más creativas y variadas que en el pasado. Por ejemplo, en entornos colaborativos novedosos y deslocalizados. En TEKNOFAN® participamos en algunos proyectos bajo un sistema de trabajo que se desarrolla en múltiples países simultáneamente mediante complejos sistemas de videos asincrónicos.

—Yo colaboro en uno de ellos —dijo Gonzalo—. En el fondo no son más que una nueva versión del trabajo en equipo. Sistemas más democráticos, igualitarios, con escasa o nula jerarquía: «Uno para todos...».

—Intentamos adaptarnos a este nuevo entorno como podemos, casi sin tiempo para asimilarlo todo —comenzaban a cruzarse las opiniones, ahora era el turno de Julia—. En estos tiempos tenemos más información sin movernos de casa que un gobernante de una potencia mundial hace treinta años. ¡El procesador de mi móvil es más potente que los ordenadores que llevaron al hombre a la luna! Vaya locura, ¿no? Los datos están más democratizados que el petróleo; la información sin límites crece de forma exponencial, sin sentido y a una velocidad tal que no da tiempo a pararnos a cuestionar en qué momento estamos. No nos permite pararnos a pensar, analizar ni razonar todo lo que nos llega.

Álvaro miraba fijamente a Julia. Le había ayudado en todo el proceso a ordenar sus ideas. «No seas tonto, Álvaro, no te juegues lo que más quieres —le había dicho—; llegará un momento en que no habrá vuelta atrás y te arrepentirás. No dejes que eso ocurra». Llevaba dos pintas en el cuerpo y ella le miraba a los ojos y le hablaba tan cerca que la hubiese besado con un pequeño esfuerzo. Ahora se preguntaba por qué no se había atrevido. Quizás a él le faltase la determinación de su padre.

—La gran paradoja —dijo Marta— es que tanta información no nos hace más libres, sino más ignorantes. Que comunicamos más que nunca pero lo hacemos peor, y que contamos los amigos por cientos o miles pero cada vez estamos más aislados —como siempre, dejó un momento sus palabras colgadas del aire—. Sin embargo, esta es la base del progreso y del futuro. E irá a más. El movimiento es imparable e inevitable. La pregunta es ¿qué podemos hacer para mantener el control y no ser engullidos por la demanda de tiempo y energía personal que requiere el cambio? —A Marta le gustaba provocar este tipo de discusiones. Conocía con detalle el perfil de todos los trabajadores de TEKNOFAN® y por ello buscaba la cara contraria a su pasión por la tecnología: el factor humano.

—Adaptarse al cambio es necesario —dijo Paola—. Hay que interpretar y aceptar el momento que vivimos, las claves que lo fundamentan y actuar con la actitud que facilite el mejor encaje. Es importante cuestionarse todo lo que nos llega por los sentidos: observar, curiosear, deducir, sacar conclusiones, analizar... Como lo hicieron los grandes pensadores de todos los tiempos: Platón, Copérnico, Newton, Einstein, Madame Curie, etc. Sus dotes eran la curiosidad y la observación del comportamiento humano y de la naturaleza. Sus herramientas el Internet del momento.

—Aplicando el pensamiento crítico —añadió Manuel. Parecía más relajado. Se había sentado junto a Paola y ya no sudaba, la pierna había dejado de temblarle. La noche del *pub*, les habían visto desaparecer juntos en un taxi. Se cuidaron mucho de salvaguardar su intimidad, pero se rumoreaba que la aventura había acabado con final feliz dado el comportamiento enamoradizo y tontorrón que mostraba ahora Manuel—. No podemos aceptar como cierta toda la información que nos llega sin analizarla de alguna forma. Hacerlo no solo nos hace más ignorantes, como decía Marta, sino también más manipulables y vulnerables. Este mundo está repleto de abusos de privacidad de los datos personales, de *fake news*, de comunidades que ventilan noticias falsas y malas intenciones. Un reto interesante será ver cómo construimos una red que merezca la pena para que los próximos mil millones de usuarios que se conecten lo hagan de forma segura, accesible y transparente. Hay que volcarse en la protección de datos, en la privacidad.

—En este nuevo mundo global y digital, en el que la demanda excede nuestra capacidad, y términos como «disponible 24/7» describen un escenario en el que el trabajo nunca acaba —Marta encarriló la discusión hacia el tema del día—, la gestión de nuestro tiempo a través del control de los eventos de nuestra vida se convierte en condición necesaria para ser productivos. Es obvio que no todo lo que nos ocurre podemos controlarlo, pero os sorprendería saber la gran cantidad de cosas que podemos decidir hacer o no que están bajo nuestro control.

»Además, cuando al final del día has tenido la oportunidad de comprobar que todo aquello que querías hacer se ha hecho, se produce una sensación de logro que repercute positivamente en la autoestima y la productividad.

—Ya —intervino Álvaro—; en la teoría todo esto parece ideal, pero cuando al caer la noche estás agotado y llegas a casa con todos los puntos de tu agenda del día cumplidos y no puedes más, no te quedan fuerzas para prestar atención a tu pareja, a tus padres o a tus hijos... ¿entonces qué? Porque la agenda no empieza y acaba en la oficina. El día conlleva muchas más responsabilidades.

Una vez más, Javier motivaba la pregunta. Cuando no viajaba, sus quehaceres le mantenían en reuniones interminables desde primera hora hasta bien entrada la noche. Llegaba a casa rendido. Solía comer algo frío y tumbarse en el sofá, donde se quedaba dormido. Era un hombre organizado, eso no le cabía duda. Cómo él mismo le había dicho, «hay que hacer lo que se espera de ti, y cuando la exigencia es máxima, darlo todo, porque todo tiene un final».

Ahora que Álvaro comenzaba a sufrir los efectos de la escasez de tiempo en sus propias carnes, se encontraba desbordado. Al impacto emocional de la relación con sus padres se juntaba las asistencias a TECKNOFAN® y la proximidad de los exámenes. Casi no le quedaba tiempo para él y comenzaba a dejar de lado su actividad física.

—Tienes razón, Álvaro; los eventos no siempre son profesionales —respondió Marta—. Si la condición necesaria es el control del tiempo, la condición suficiente es el control de la energía que necesitamos para no sucumbir en el intento. Para estar completamente enchufados debemos conciliar las ganas de acudir al trabajo por las mañanas con las de volver a casa por las tardes.

»CONCILIAR LA VIDA PERSONAL CON LA PROFESIONAL SIGNIFICA COMPROMETERSE CON AMBAS, PORQUE LAS DOS SON IGUALMENTE IMPORTANTES.

»Para que ese equilibro entre familia y trabajo se produzca, tanto empresas como familias se tienen que ajustar mutuamente para satisfacer las necesidades de cada una. Es una responsabilidad de las dos partes.

»En TECKNOFAN® tratamos de ser sensibles a un tema que nuestro CEO, Miguel Quiñones, considera de capital importancia y que requiere la convicción de los círculos más elevados de la empresa: facilitar el equilibrio, incluso cuando ello pueda ir en contra de los fines económicos u operativos inmediatos.

> **»CREEMOS QUE LOS EMPLEADOS QUE SON MEJORES PERSONAS TAMBIÉN SON MEJORES TRABAJADORES. Y PARA ESO DEBEMOS CEDER TIEMPO, PARA QUE LOS EMPLEADOS PUEDAN DEDICÁRSELO A SUS FAMILIAS CON LA ENERGÍA QUE ESO REQUIERE.**

»Esa es la razón principal de nuestra insistencia en la productividad en el trabajo: cumplir objetivos y vivir a la vez sin pérdidas de tiempo. –Sonrió–. No siempre es fácil.

–Buscar tiempo para uno mismo es el comienzo del camino al autocontrol –contestó Carlota. A pesar de su discreción y su aparente pasotismo, Carlota seguía una disciplina férrea en todo lo referente a su forma física y mental. Cada mañana, antes de dirigirse al trabajo alternaba clases de *zumba* o *body pump* con tiempos de yoga y meditación. Llegaba diariamente en bicicleta y cuidaba su alimentación con una dieta mediterránea que traía preparada de casa. Tenía tiempo para todo y para colmo era terriblemente productiva en el trabajo–. Pero además del equilibrio físico, debemos trabajar nuestro centro mental, emocional e incluso espiritual. Desarrollar las competencias de la inteligencia emocional que determinan el modo en que nos relacionamos con nosotros mismos: autoconciencia, autocontrol, empatía, y habilidades sociales. Establecer cuáles son los valores que gobiernan nuestras vidas y tener principios sólidos en los que apoyar nuestras decisiones es lo que nos indicará la dirección correcta como personas, familias u organizaciones.

Escuchando las opiniones de sus compañeros, Marta se daba cuenta de todas las cosas que se estaban quedando en el tintero. Su cabeza comenzaba a estructurar las mejoras que proponía la dinámica del grupo con el objetivo de completar las siguientes convocatorias de formación con temas tan relevantes como la conciliación, la diversidad o la inteligencia emocional.

–¿Se os ocurren algunas formas improductivas del manejo del tiempo? –preguntó.

Se hicieron algunas aportaciones que la propia Marta apuntó en la pizarra electrónica. El debate había tomado un ritmo y un contenido muy interesantes. La riqueza de las discusiones había aumentado de forma exponencial respecto a la primera sesión, pero intentaba que no se le fuese la mañana sin haber cubierto algunos aspectos críticos de la gestión del tiempo:

ASPECTOS CRÍTICOS DE LA GESTIÓN DEL TIEMPO

- Falta de priorización

- Dejar para otro día cosas que se pueden hacer hoy

- Objetivos poco claros

- Ladrones del tiempo, interrupciones

- **Escasa planificación**

- **Trabajar en lo urgente**

- **Trabajar en lo que no es importante**

—Podríamos decir —comenzó Marta— que gestionar nuestro tiempo consiste en ejecutar acciones alrededor de prioridades. Es decir, no tanto manejar la variable tiempo, sino manejarnos a nosotros mismos, nuestras expectativas y nuestra energía. Fijar prioridades significa establecer una jerarquía de actividades y asignar tiempo, energía y recursos a cada una en función de su importancia.

»La priorización es importante porque cuando tomas la decisión de hacer algo en lugar de elegir otras opciones incurres en un coste de oportunidad. Si la alternativa elegida no es importante para nosotros o para la organización, entonces estaremos perdiendo un tiempo precioso y pagando cara nuestra decisión. En consecuencia, priorizar significa hacer un esfuerzo por identificar qué tiene valor, qué es en realidad importante.

»GESTIONAR EL TIEMPO CONSISTE EN ORGANIZARNOS ALREDEDOR DE PRIORIDADES. PRIORIZAR IMPLICA JERARQUIZAR ACTIVIDADES QUE AÑADEN VALOR Y ASIGNAR TIEMPO, ENERGÍA Y RECURSOS A CADA UNA EN FUNCIÓN DE SU IMPORTANCIA.

—Trabajar en lo importante —puntualizó Paola—. Parece lo más lógico, lo que pasa es que nunca hay tiempo para pensar, para estar solo.

—Así es, Paola —dijo Marta—. La urgencia en nuestras vidas hace que no prestemos atención a lo que es importante de verdad. En nuestro día a día reaccionamos a las demandas de otros: interrupciones, llamadas, *emails*, mensajes de *WhatsApp*, compañeros llamando a nuestra puerta con preocupaciones urgentes... Todas estas situaciones son el mayor enemigo de la productividad, consumen nuestra energía durante todo el día e impiden que nos concentremos en actividades críticas, en planificar a largo plazo, en sesiones creativas. En definitiva, nos abocamos a hacer varias cosas a la vez: podemos responder un *email* mientras contestamos una llamada o hacemos una entrevista. –Álvaro recordó que en su primera cita con Miguel, este apartó cualquier cosa que le distrajese de su conversación–, y hasta nos vanagloriamos de ello, cuando la realidad es que no le prestamos atención a nada.

–Parece que sacamos mucho trabajo pero siempre andamos con prisa y falta de disponibilidad –convino Manuel.

–De ahí –continuó Marta– la importancia de la planificación. La falta de tiempo no es una excusa válida para posponer aquello que consideramos importante. Está claro que no somos adivinos, que no podemos adivinar un futuro en el que cualquier cosa puede ocurrir, pero sí podemos planificar y agendar eventos que ocurrirán más adelante y nos darán control sobre nuestras acciones. La ejecución de esos eventos por orden de prioridad nos hará más productivos y eficientes.

–Entonces –resumió Julia–:

»PLANIFICAR SIGNIFICA LISTAR UNA SERIE DE ACTIVIDADES, NO SOLO PROFESIONALES, SINO PERSONALES Y FAMILIARES, AGENDARLAS EN ALGÚN MOMENTO FUTURO Y ESTABLECER UNA PRIORIZACIÓN DIARIA PARA RESOLVER PRIMERO LO QUE ES IMPORTANTE.

»¡Eso es fácil para una teleco!

—Por supuesto —Julia tenía el poder de divertirlos a todos—, pero habrá actividades urgentes que haya que atender durante el día, crisis, fechas de fin de proyectos, requerimientos de tu superior... La clave es que tu agenda no viva permanentemente en la urgencia, y que las cosas que no son ni urgentes ni importantes no sean las primeras que hagas. Recuerda: para eso priorizamos. Aunque conviene dejar espacios para las interrupciones y las urgencias no previstas. Ocurren continuamente. Por otro lado, las prioridades pueden cambiar y lo que ahora parece sin importancia mañana puede tenerla.

—Se me ocurre un sencillo ejemplo para ilustrarlo: conduces con tu pareja un descapotable de dos plazas, no necesitas más. Piensas que un día tendrás un hijo, pero en ese momento cambiar el coche no es importante, ni mucho menos urgente. —El acento cantarín de Paola otorgaba ahora un ritmo y una gracia especiales a la historia—. Primer embarazo y la prioridad ha cambiado. Es el momento de empezar a pensar en otro coche, pero todavía no es urgente: tienes nueve meses por delante.

»Ahora estás llevando a tu pareja al hospital en el asiento del copiloto del descapotable. ¡Va a dar a luz! ¡Ups! De repente, lo importante se vuelve urgente. Tienes que volver a casa y sois ¡tres! —Todos miraron a Manu divertidos. La pierna le temblaba sin control—. En la planificación de esta pareja la prioridad se ha movido, pero el verdadero problema se ha producido cuando no han atendido a su necesidad a tiempo. Debieron cambiar el coche durante el periodo de embarazo. ¿Conocéis el término «procrastinar»?

—Significa dejar las cosas importantes de lado para hacer las cosas menos importantes: dejar para mañana lo que podemos hacer hoy, como dice nuestro refranero —contestó Gonzalo—. Procrastinar implica perder oportunidades. Es uno de los mayores ladrones de tiempo que existen. Si nos concentramos en tareas fáciles, cosas no importantes, atendemos interrupciones constantes, etc. y dejamos de lado prioridades importantes, aunque sean desagradables o difíciles de llevar a cabo, tendremos la falsa sensación de estar haciendo cosas que en realidad no son útiles ni productivas. Estaremos perdiendo nuestro tiempo y gastando nuestras energías inútilmente.

–¿Y cómo sabemos qué estamos procasti... procra... pr...? –intentó pronunciar Carlota con la lengua trabada.

–¿Procrastinando? –completó Marta ante las risas del grupo–. Porque si has planificado, agendado y priorizado correctamente deberás estar trabajando en lo importante. Si este no es el caso, procrastinas. Por ejemplo, los propósitos de cada comienzo de año relacionados con la salud y el bienestar: dejar de fumar, hacer ejercicio diario, cambiar la alimentación, leer un libro al mes... Son objetivos personales que consideramos importantes porque cada año aparecen, y según nos hacemos mayores lo hacen con más intensidad. Pero si no los atacamos ahora, si los dejamos para la próxima vez, estaremos posponiendo algo que podría comenzar hoy. Y, como dijimos antes, el coste de oportunidad afectará a tu salud, tu bienestar, tu relación con terceros... Es habitual actuar cuando se convierte en urgente, cuando un problema grave de salud nos obliga a hacerlo.

»Hay muchas razones por las que decidimos dejar tareas para otro día. Por ejemplo, porque no nos gustan, porque son desagradables. O llevan mucho tiempo y ahora no lo tenemos. O porque no tenemos toda la información, los objetivos claros, o sencillamente este no es el mejor momento...

»Si somos conscientes de estar procrastinando, entonces tenemos un problema, porque estaremos tirando nuestro tiempo por la borda. Debemos retomar el camino. Si no somos capaces de empezar algo porque es complejo y complicado, se nos hace grande, podríamos trocearlo y dividirlo en pequeñas tareas que no supongan tanto esfuerzo.

–Comernos «un elefante» a trocitos –dijo Gonzalo resolutivo–. Convertir un proyecto de doce semanas en doce de una semana.

–O podríamos marcar una fecha de finalización concreta con tiempo suficiente, o incluso asignarnos un premio: salir a cenar con nuestra pareja, por ejemplo. ¿Lo pilláis? –terminó Marta.

–También podemos negarnos a hacer algo. Decir «no» a ciertas cosas –comentó Álvaro.

–Efectivamente, así es. Dependerá de la importancia que esa tarea tenga para ti o para quien la encomiende. Si es tu jefe, puedes preguntarle hasta qué punto es necesario comenzarla en este momento: ¿hay una fecha límite? ¿tiene una reunión por la tarde con su superior? ¿es para una presentación prevista en una semana, pero te lo está pidiendo en diez minutos? Entender la prioridad te ayudará a negociar un plazo de entrega que te permita situar su prioridad entre las tuyas sin afectar el resultado final esperado.

–Se me ocurre –dijo Manuel– un escenario en el que perder el tiempo puede ser aconsejable: una negociación –todos le miraron con curiosidad–. En una negociación, el tiempo es poder. Si negocias en condiciones desfavorables de tiempo, bien porque necesites una solución urgente, tengas mucho trabajo esperándote, pierdas un vuelo o te vayas de vacaciones ese mismo día, estás en clara desventaja. Si esa posición se hace visible para la otra parte negociadora, le estarás dando una primera concesión, innecesaria y gratuita. Le harás ver que puede llevarte a su terreno, te apretará las clavijas.

–Es un excelente punto –dijo Marta un tanto sorprendida por la perspicacia de Manuel–. Efectivamente, en una negociación perder el tiempo puede no ser una pérdida de tiempo, sino una estrategia poderosa para conseguir una oportunidad. No mostrar urgencia tiene un impacto psicológico en el oponente. Te hace parecer fresco, relajado, con control de tu posición, capaz de no aceptar nada que no consideres aceptable.

Marta comprobó su reloj. Se acercaba la hora de poner el broche final a la primera edición del programa CHAMP y quería asegurarse de tener unos minutos para cerrarlo.

—Quisiera concluir esta sección reforzando la importancia de actuar de forma acorde a nuestra misión personal. La esencia del equilibrio, de la conciliación y la gestión eficiente del tiempo y la energía reside en organizarse alrededor de prioridades centradas en unos principios sólidos, en nuestra misión. La razón de no hacerlo no suele ser un problema de incapacidad para priorizar, ni de disciplina para ejecutar dichas prioridades, sino que estas no están arraigadas en la mente ni en el corazón.

»LA ESENCIA DEL EQUILIBRIO, DE LA CONCILIACIÓN Y DE LA GESTIÓN EFICIENTE DEL TIEMPO Y LA ENERGÍA, RESIDE EN ORGANIZARSE ALREDEDOR DE PRIORIDADES CENTRADAS EN LOS PRINCIPIOS QUE GOBIERNAN NUESTRA VIDA.

14. UNAS PALABRAS FINALES

—La primera edición del programa concluye con esta cuarta y última sesión. —Era Miguel quien hablaba. Entró en La Península a cinco minutos del cierre para reforzar con su presencia y su mensaje la importancia del mismo—. En una compañía como TECKNOFAN®, las competencias técnicas se os presuponen desde el preciso momento de la contratación. Todos provenís de diferentes ingenierías, carreras informáticas o escuelas de alta capacitación técnica especializadas en los trabajos que nuestros clientes solicitan. Estas competencias no las cuestionamos y son críticas para la supervivencia de la compañía, ya que sin ellas no podríamos responder con la calidad y el servicio que prometemos y que también nos exigimos a nosotros mismos. Sabemos que es responsabilidad nuestra como empresa mantener este nivel competencial en el punto más alto y proveeros de la información y las herramientas necesarias para que estéis al día de los cambios que la velocidad de los tiempos impone.

»Sin embargo, si además de técnicos queremos formar líderes que manejen las riendas del crecimiento y se encarguen de los nuevos proyectos dentro y fuera de nuestras fronteras, necesitaremos algo más que conocimientos técnicos: capacidad de influencia, de comunicación, liderazgo, resolución de conflictos, colaboración y cooperación, trabajo en equipo... Todo lo que habéis aprendido en el programa CHAMP no servirá de nada si no tomáis conciencia de su importancia y os ponéis manos a la obra desde hoy mismo.

»NO ES NECESARIO SER JEFE PARA EMPEZAR A INFLUIR POSITIVAMENTE EN OTRAS PERSONAS.

»Dominar estas habilidades os proporcionará, además de satisfacción personal, un mayor control sobre vuestra vida y una ventaja competitiva fundamental para destacar en vuestras carreras profesionales. Aprovechadlo, poneos manos a la obra desde hoy mismo, dando ejemplo a vuestros compañeros y colaboradores. Aplicaos el dicho: «Las palabras convencen, el ejemplo arrastra».

15. AVENA

El sábado, Álvaro entró en casa a mediodía con Julia. Sus padres salieron esa mañana de madrugada sin dar explicaciones. Dijeron que estarían de vuelta para comer.

Desde que cruzó el umbral de la casa, Julia no salió de su asombro. Sintió que atravesaba las puertas del Paraíso. Álvaro vivía en un chalet de 280 m² en Pozuelo de Alarcón. Solo el cuarto donde tenía el proyector de vídeo era más grande que la casa en la que la crió su madre. Ahora vivía en una habitación de alquiler todavía más pequeña con una estudiante de Biología.

—A mi madre le habría encantado ver esto —dijo en voz baja, invocando su recuerdo.

Álvaro le enseñó todos los rincones, decorados con muebles nuevos y modernos, electrodomésticos de alta gama y domótica en las persianas y aparatos electrónicos controlados desde un panel central situado a la entrada de la casa y una tableta para manejarlo desde cualquier lugar. En la cocina, Julia saludó con extrema amabilidad al personal de servicio que se afanaba en preparar la comida.

—Julia se queda a comer con nosotros —dijo Álvaro.

Disfrutaba con su cara de asombro. El jardín y la piscina remataron la visita. Julia reía dando empujones a Álvaro mientras le espetaba.

—¿Y tú te quejas? Serás...

A finales de marzo, la primavera despuntaba. Los días seguían siendo frescos pero la luz era más intensa y brillante. El aire olía a flores y el invierno dejaba paso a la explosión de la naturaleza.

Julia se tumbó en el césped boca arriba, con los brazos extendidos mirando al cielo.

—A mi madre le habría encantado —repitió.

—Gracias por todo, Julia —dijo Álvaro de repente. Se tumbó junto a ella boca abajo, con los brazos apoyados en el suelo y mirándola muy cerca de la cara.

Julia giró la cabeza y se encontró con sus ojos verdes. Se vio reflejada en ellos. Le gustaban demasiado. Dudó por un momento, incorporó ligeramente la cabeza y le besó con suavidad en los labios.

—Gracias a ti —dijo dulcemente.

Se oyó el rugido de un motor. La puerta del garaje se abrió automáticamente y un todoterreno la cruzó camino del interior. Sus padres estaban de vuelta.

Yolanda apareció primero en el jardín.

—Hola, mamá, te presento a Julia. —La chica se acercó a darle dos besos, pero Yolanda se abrazó a ella y la retuvo durante un largo instante.

—¡Me alegro tanto de conocerte!

Notaron cómo Javier cerraba la puerta que comunicaba el garaje con la casa y se dirigía afuera. Asomó la cabeza una perrita, una labradora blanca con su cola de nutria, que no cesaba de pendular de izquierda a derecha, con la cabeza grande y las patas fuertes en contraste con su mirada tierna y curiosa. Tiraba con fuerza de Javier hacia donde se encontraban Álvaro y Julia, tensando la correa.

Javier dio dos sobrios besos a Julia. Les contó que la perra provenía de la Fundación ONCE. La habían desechado como perro guía porque las radiografías revelaron una displasia en la pata delantera izquierda y la familia que la acogió durante un año no podía encargarse de ella.

–No lo hemos pensado dos veces –dijo el padre sin disimular su alegría–; ha sido un largo proceso para adoptarla, pero ha merecido la pena. Es preciosa.

–¿Cómo se llama? –preguntó Álvaro mientras la acariciaba inclinado sobre su rodilla. Le lamía la oreja y saltaba encima de él.

–Avena –contestó Javier–, se llama Avena como el color de su pelo. Tiene trece meses.

–Bienvenida a nuestra casa, Avena. –Se abrazó a su cuello y miró a su padre–. Gracias, papá.

16. RECAPITULACIÓN

Marta y Miguel repasaron juntos el *email* de Álvaro con sus conclusiones de la última sesión. Aprovechaba para agradecerles la oportunidad que le dieron de participar en el programa. Según sus propias palabras, «le había abierto los ojos y enseñado más que los tres primeros años de carrera».

La primera edición de CHAMP había finalizado con éxito. Marta era consciente de las mejoras que tendría que implementar en un futuro; no en vano promovía el aprendizaje continuo, pero no podía ocultar su satisfacción con la elección de las habilidades trabajadas y la participación del grupo seleccionado.

Le resumía así su experiencia a Miguel:

—Hemos profundizado en el tema de la comunicación, la escucha, destacado la importancia de las relaciones e interrelaciones personales y la imperiosa necesidad de colaborar con los demás. Vengo observando a lo largo de estas semanas una mayor cooperación entre compañeros, y no solo entre los integrantes de CHAMP; estos han catalizado al resto. El número de reservas de las peceras ha aumentado un 60%, lo que indica un mayor trabajo en equipo y un número importante de empleados me ha pedido participar en la siguiente edición del programa.

Miguel la escuchaba tranquilo. Estaba sentado frente a Marta en la cafetería de la oficina y observaba su cara de satisfacción mientras hablaba.

—El excelente «resumen de reuniones eficaces» se ha hecho viral. Está ahora en todos los ordenadores y estoy pensando en realizar una placa para que esté siempre presente en cada una de las peceras. –Miguel hizo un gesto aprobatorio con la cabeza.

Marta continuó.

–Los chicos han entendido la paradoja de que cuanta más información tenemos a nuestro alcance menos sabemos. Que más allá de la cantidad de información y la velocidad a la que disponemos de ella, es necesario aplicar un pensamiento crítico, distinguir el polvo de la paja, con criterio, actitud y positividad.

–Visto desde fuera –comentó Miguel–, estoy de acuerdo contigo en que el programa ha supuesto un impacto positivo en la organización. Sin ánimo de sacar conclusiones precipitadas, me atrevo a asegurar que estamos en el camino correcto –Marta asentía satisfecha–. Además, con las áreas de mejora identificadas, no me cabe la menor duda de que el programa también mejorará. Mi más sincera enhorabuena, Marta.

»Me pregunto –dijo lanzando un nuevo reto– si es el momento de pensar en adentrarnos en otros terrenos competenciales como el liderazgo, la gestión del cambio, técnicas de negociación o procesos de planificación estratégica.

Marta no dijo nada mientras tomaba notas. «Ya estoy en ello» pensó.

–¿Qué tal Álvaro? –preguntó Miguel para cerrar la reunión.

–A pesar de su juventud, Álvaro ha desarrollado una labor extraordinaria en el equipo. Muestra dotes innatas de liderazgo, es rápido de pensamiento y su capacidad analítica es excelente. Además se muestra flexible y abierto a las opiniones de los demás. Será un buen fichaje cuando finalice la carrera.

–O podríamos ofrecerle un contrato de formación ahora, si acepta seguir con nosotros –dijo Miguel.

—Además –prosiguió Marta–, Julia y él hacen una pareja estupenda. Ella le ha abierto los ojos respecto a la relación tormentosa que mantiene con su padre –Miguel la miró asombrado. ¿Cómo habría llegado a esa conclusión?– y juntos pueden alcanzar grandes metas.

—Todavía no lo sabe –terminó Miguel mientras se levantaba de la mesa para acudir puntual a su siguiente cita– pero es clavado a su padre.

BIBLIOGRAFÍA

Libros consultados:

- *The power of full engagement*. JIM LOEHR and TONY SCHWARTZ. Free Press 2003.

- *The 7 habits of highly effective people*. STEPHEN R. COVEY. Fireside 1990.

- *La práctica de la inteligencia emocional*. DANIEL GOLEMAN. Kairós 1999.

- *Presencia y poder*. ENRIC LLADÓ. Kolima 2017.

- *Business evolves, leadership endures*. ANDREA REDMOND, CHARLES A. TRIBBETT III wth BRUCE KASANOFF. Easton studio press 2004.

- *The war for talent*. ED MICHAELS, HELEN HANDFIELD JONES, BETH AXELROD. Harvard Business School Press, 2001.

- *The leadership challenge*. JAMES M. KOUZES y BARRY Z. POSNER. Jossey-bass publishers 1997.

- *Execution. The discipline of getting things done*. LARRY BOSSIDY y RAM CHARAN. Crown Business 2002.

- *Time Management*. RICHARD I. WINWOOD. Franklin International institute, Inc. 1990.

- *Results-based leadership*. DAVE ULRICH, JACK ZENGER y NORM SMALLWOOD. Harvard Business School Press, 1999.

- *Jack Welch and the GE way*. ROBERT SLATER. Mc Graw Hill 1999.

- *Managing sideways*. PRICE PRITCHETT. EPS Solutions 1999

- *Team reconstruction*. PRICE PRITCHETT y RON POUND. Pritchett Rummler-Brachet 1999.

- *Guía de fusiones y adquisiciones para empleados*. PRICE PRITCHETT. Pritchett Rummler-Brachet1999.

- *Dividendos para el alma.* Ramiro Calle, Marcos Fernández Fermoselle y Joaquín Tamames. Kailas 2005.
- *Dirigir empresas con sentido cristiano*, segunda edición. Javier Echevarría. Eunsa Astrolabio 2016.
- *Tocar con palabras.* Enric Lladó. Kolima 2016.
- *La isla de los cinco faros.* Ferrán Ramón-Cortés. RBA Integral 2006.
- *El arte de la guerra. Sun Tzu.* Jose Ramón Ayllón. Ediciones Martínez Roca1999.
- *Never take NO for an answer*, second edition. Samfrits Le Poole. Kogan page 1991.
- *The One minute manager builds high performance teams.* Kenneth Blanchard. Harper Collins business 1994.
- *The Secret.* Rhonda Byrne. Círculo de lectores 2007.

Programas de formación, artículos y notas técnicas:

- *Strategic Thinking and Results.* Executive workshops. Gillette 2004.
- *The Effective Management Program.* Corporate Training and Development. Gillette 2005.
- *Programa de Desarrollo profesional* Avanza. Gillette 2001.
- *Building a stronger workplace.* Gillette, Gallup 2000.
- *La dirección de recursos humanos en las empresas multinacionales.* Nota técnica Marta Portillo. IESE 2000
- *El reto de conciliar la vida laboral y la vida profesional.* Carlos Sánchez-Runde. IESE 2000.
- *Gestión del rendimiento.* John J. Gabarro y Linda A. Hill. HBS, 2002.
- Managing your Boss. John J. Gabarro y John P. Kotter. HBR 1993.
- *The art of leadership.* Dee Hock.

- *Equipos*. PABLO A. CARREÑO GOMARIZ. Nota técnica IESE.
- *El trabajo en equipo*. PROF. JOSE MARÍA RODRÍGUEZ. Nota técnica IESE 1993.
- *Las reuniones de trabajo*. JOSE MARÍA RODRÍGUEZ. Nota técnica IESE 1995.
- *Comunicación y empatía*. SANTIAGO ÁLVAREZ DE MON. Nota técnica IESE 1995.

KOLIMA
BOOKS